조선, 민국 朝鮮民國
600년

조선, 민국 朝鮮民國
600년

남정욱·장원재 지음

북앤피플

프롤로그

조선건국은 '단군조선'이 아니라 '기자조선'의 의미를 부각시키고 후자의 계승을 강조하면서 이루어졌다. 이데올로그였던 정도전은 이를 명확히 밝혔다.

"명의 천자가 친서를 통해 말하기를 조선이라는 칭호가 아름다우니 그 이름을 근본으로 삼아 하늘의 이치를 체득하고 백성을 다스려 후사를 영구히 번성케 하라 하였다. 이제 조선이라는 칭호를 이어받았으니 기자의 선정 또한 마땅히 강구해야 할 것이다."
-정도전, 조선경국전-

중국적 세계질서에 적극적으로 참여하고 스스로 중화질서를 문명의 기준으로 삼아 보편적인 문명, 문화국가를 실현하려는 정치적 의도를 가지고 만들어진 것이 조선이었다. 하여 조선의 국왕은 위계화 중화질서 하에서 일종의 번국의 군주로 소속되는 것을 기쁘게 받아들였으며 이를 수호하였으니 세종은 대리청정을 하는 와중에도 '사대교린'의 업무만은 절대 놓지 않고 죽어라 수행했다. 이 중국식 질서는 예를 기본으로 하며 이는 내부적으로 사농공상이라는 국가 시스템의 원칙이 된다.

1905년 조선이 붕괴하면서 이 사고는 깨져야 했으나 조선이 제대로 안 망한 까닭에 조선인들의 유전인자에 새겨진 이 착오적인 이데올로기는 1960년부터 30여 년 겨우 근대적이고 주체적인 역사를 선보이다가 1992년 김영삼의 집권과 함께 화려하게 부활한다. 이때부터 등용되기 시작한 신(新)사대부 386은 말로는 인민(公상)을 위한다면서도 실은 무지한 인민을 계도하고 사족들의 지배를 다시 공고화하는 작업에 들어갔으며 그 결과가 2024년 대한민국의 현재 모습이다[김영삼이 일본의 버르장머리를 고쳐 놓겠다고 떠들어댄 것은 소(小)중화의 연장선상에 있으며 2017년 김상조의 "재벌들 혼내주고 왔다"는 발언에서는 뼈에 새겨진 사농공상의 질서가 얼마나 강렬하고 유구한지 알 수 있다]. 이에 남정욱 장원재 2인은 600년 만에 다시 조선으로 회귀한 대한민국의 퇴행을 조롱과 야유로 다뤄보기로 투합하였고 아울러 기존의 조선과 대한민국사가 얼마가 웃기고 허황되게 기술되었는지 우아하고 명랑한 필체로 써 내려가 신교양의 한국사를 펼쳐 보이기로 결심하여 이 기획을 마련했다(다 아는 이야기는 빼고 핵심만 다루는 동시에 기존의 허무맹랑한 fact와 통설을 모조리 박살내 적과 아군을 가리지 않고 지적충격을 주는 것이 목표다).

주제에 집중하기 위해 파트를 둘로 나눴는데 조선 부분은 남정욱, 대한민국 부분은 장원재가 썼다.

글 쓰는 스타일이 확연히 다름에도 불구하고 붙여놓으니까 이

질감이 별로 없는 것은 신기한 일이다.

위선론적 명분론과 무조건적 평화론을 주장하며, '나는 옳고 너희는 틀렸다'며 언제나 자신들의 도덕적 우위를 주창(主唱)하는 분들의 무책임성에 경종을 울리고자 이 책을 낸다. 개인적 이익과 자기가 속한 집단의 이익을 사수하기 위해 민주, 인권, 평화를 앞세우는 분이 혹시 계시다면, 이 책 꼭 읽어주시기를 바라며 서문에 대신한다.

정도전의 기자로 시작한 조선은 송시열의 주자로 완성됐으며
시대착오적인 성리학을 붙잡고 있다가 나라를 들어먹는다.
구한 말 고종이 "어떻게 하면 병자년의 치욕을 씻을 수 있겠느냐"
물었을 때 국방비서관인 무관(武官) 신정희는 이렇게 대답했다.
"성덕(聖德)을 닦으시옵소서."

조선, 민국
朝鮮民國
600년

1부
불멸의 왕국

키워드 하나
·
왕조 세우기

1.

조선은 이성계가 고려를 멸망시키고 건국한 나라이다. 1392년 부터 일제에게 나라를 빼앗긴 1910년까지 519년 동안 27명의 임금이 다스렸다. 조선은 성리학을 나라를 다스리는 근본 사상으로 삼아 유교 문화를 꽃피웠으며 수많은 문화유산을 남겼다.

인터넷에 조선을 검색하면 이렇게 나온다. 맞는 말일까. 순서대로 보자. 먼저 '고려를 멸망시키고 건국한 나라'라는 설명인데 조선은 이성계가 고려를 멸망시키고 세운 나라가 아니다. 일단 멸망은 수도가 적의 손에 넘어가고 도시가 불타고 인민들이 마구 죽어나갈 때나 쓰는 표현이다. 멸망, 전혀 아니었다. 뒤집어엎은 것을 다소 과격하게 표현했다 하더라도 역시 정확한 설명은 아니다. 이성계는 고려의 절차에 따라 왕위에 올랐으니 고려의 마지막 왕이다. 설명대로라면 자기가 자기를 멸망시킨 게 된다. 명나라 조정은 새롭게 왕위에 오른 이성계에게 권지국사의 호칭을 내려준다. 권지는 정식이 아니라 서리(署理) 혹은 임시라는 의미다. 이성계는 조선 권지국사가 아니라 고려 권지국사였다. 원명 교체기인 14세기 중반 고려는 원나라와 명나라 사이에서 양다리 외교를 하느라 가랑이가 찢어질 지경이었다. 1351년 고려의 사실상 마지막 왕 공민왕이 즉위한다. 원나라 연경에서 성장한 공민왕은 원나라의 내정을 훤히 꿰뚫고 있었고 홍건적의 봉기 등으로 몽골 왕조의 수명이 다해가고 있음을 간파했다. 귀국한 그는 변발을 풀어헤쳤고 반원 운동과 영토 회복을 꿈꾼다. 고려 조정의 친원 세력을 숙청한 공민왕은 군사를 일으켜 쌍성총관부를 회복했는데 이는 고려 고종 말년에 상실한 이후 100년 만에 되찾은 영토였다. 1368년 양자강 일대에서 세력을 넓혀가던 주원장이 명나라를 세우며 황제 자리에 오른다. 이듬해 4월 주원장이 고려에 사신을 보내 명의 건국을 알렸을 때 공민왕은 원나라 연호인 지정(至正)을 폐기하고 충성을 맹세하는 사신을 명나라에 보낸다. 원나라 연호를 버렸으나 그러나 공민왕은 바로 명나라 연호인 홍무(洪武)를 사용하지도 않았다. 제대로 중원을 컨트롤할 수 있는지 좀 더 간을 보겠다는 의미였을 것이다. 명나라의 이성계 고려 권지국사 호칭은 이에 대한 유치한 보복이자 너희가 우리를 초반부터 신뢰하지 않았듯 우리 역시 조선을 좀 더 두고 보겠다는 일종의 뒤끝이 아니었을까 싶다.

그럼 1392년 건국은 맞는 것일까. 근거와 기준에 따라 달라진
다. 조선을 국호로 사용한 것이 1393년 2월 15일부터이니 그 기
준으로 하면 건국은 1393년이고 존립 기간은 한 해가 줄어 518년
이 된다. 이름만 내려주었지 정식으로 인정한 것은 1401년이기 때
문에 건국일을 더 뒤로 미뤄야 한다는 매우 '사대주의'적인 발상도
가능하다. 중국 황제가 주변국 왕을 승인하는 징표가 고명과 인신
인데(고명은 왕으로 임명한다는 임명장. 인신은 도장) 그게 조선에 도착한 것
이 3대 왕 태종 때였기 때문이다. 1392년이든 1393년이든 그게
뭐 중요해 하실지 모르지만 '역사'의 시선으로 보면 명료하지 않은
것만은 사실이다. 하긴 여기서 힌트를 얻은 것인지는 모르지만 대
한민국 건국이 1948년이 아니라 1919년이라고 하는 사람들이 있
다. 그 해에 독립선언을 했고 대한민국 임시정부가 세워졌기 때문
이란다. 심지어 이런 설명도 추가로 붙는다. "대한민국 건국은 망
명지의 임시정부에서 50%가 이뤄지고 나라를 되찾은 후 정부 수
립으로 90%가 됐다. 부족했던 나머지 10%는 통일이 되면 채워질
것이다." 이 주장을 펴신 분은 명분과 설득력에서는 '1919년 건국'
이 앞서지만 역사적 사실과 사회과학적 평가에서는 '1948년 건국'
도 뒤지지 않는다며 양쪽 모두 근거가 많고 해석도 넘치기 때문에
양자택일의 문제는 아니라고까지 말씀하신다. 역시 세상은 넓고
이상한 사람은 많다.

조선에 대한 정의(定義) 중 가장 중요한 건 '누가'도 아니고 '언제'
도 아니다. 주인공은 성리학이다. 말 그대로 조선은 성리학을 나라
를 다스리는 근간으로 삼았다. 박식(薄識)한 탓에 유교 문화를 꽃피
웠는지는 잘 모르겠다. 그러나 확실한 건 덕분에 출발부터 불구였
고 왕조 내내 위태롭다가 그 때문에 망했으며 내부 파열로 제대로
망하지 않고 외부의 힘에 의해 붕괴된 탓에 그 유전자는 해체되지
않고 잠복하고 있다가 1992년을 기점으로 부활하여 현재까지 활
개를 치며 대한민국의 앞날을 가로막고 있다는 사실이다. 성리학,
너 대체 뭐니?

2.

1388년의 위화도 회군은 신(新)유학적 소양을 갖춘 사대부 중
주로 신분적 결핍이 있는 하층 인사들이 이성계 군부를 충동질해
감행한 쿠데타였다. 신유학 즉 성리학은 고려 말에 안향이 들여왔
다. 그는 고려 말 개혁세력이었던 지방 중소지주 출신이다. 안향
은 왜 성리학에 꽂혔을까. 그리고 성리학이란 도대체 무엇인가. 이
해를 돕기 위해 일단 철학의 발생과정부터 보자. 철학은 평온한 시
대, 한가한 사람들의 두뇌유희가 아니다. 철학은 현실의 반영이고
시대의 거울이다. 서양 철학은 플라톤에서 시작한다. 동양 철학은
공자가 비조겠다. 두 사람의 공통분모가 있다. 전쟁이다. 플라톤

은 펠로폰네소스 전쟁 때 나서 자란 사람이다. 직전의 페르시아 전쟁은 이민족과의 싸움이었다. 펠로폰네소스 전쟁은 같은 말을 쓰는 동족끼리의 내전(內戰)이었다. 당시 폴리스 간의 티격태격 작은 충돌은 일상이었다(며칠만이라도 쉬어보자고 만든 게 올림픽이라는 체육대회). 그러나 소소한 이익이 아닌 증오심에 불타 서로를 죽인 것은 처음이었다. 내전은 폴리스 안에서도 벌어졌다. 정치이념으로 갈린 끝에 아버지가 아들을 죽이고 동생이 형을 후벼 팠다. 장례를 후하게 치러주는 것은 고대 그리스의 미풍양속이자 전통의 미신이다. 그렇게 안 하면 죽은 자가 산자를 괴롭힌다고 믿었다. 그랬던 그리스에서 시체는 아무렇게나 버려졌고 그 시체 위에 또 새로운 시체가 무례하게 던져졌다. 있을 수 없는 일이 벌어진 것이다. 펠로폰네소스 키드였던 플라톤은 이 참혹한 현실을 철학으로 극복하고자 했다. 플라톤에게 현실은 따르고 수긍해야 할 것이 아니라 극복해야 할 무엇이었다. 그리고 그가 추구해야 할 옳고 선하고 바른 것은 현실 저 너머 어딘가에 있었다. 그는 너머에 있는 '옳음'과 '선함'을 이데아라고 불렀다. 현실과 이상을 분리한 것이다. 한편 공자는 춘추전국시대 사람이다. 날마다 사람이 죽어 나가고(인구는 좀 많은가) 들판에는 시체가 풍년인데다 새들이 그 눈알을 파먹는 가운데 서로 간에 더 죽이지 못해 안달인 세상을 살았다. 그 피비린내 속에서 공자는 인간이란 무엇인가, 인간은 어떻게 살아야 하는가를 고민했다. 그리고 도덕적 인간을 주장하며 이렇게 부르짖었다.

"인간의 본성은 하늘을 닮아 선하다. 어진 마음으로 땅의 성질인 기질을 극복하자!" 공통점이 느껴지시는가. 그렇다. 서양에서는 이데아를, 동양에서는 하늘을 통해 현실을 넘어서고 극복하고자 했던 것이다.

공자의 유학인 고대 유학과 대비해 남송(南宋)의 주희가 집대성한 유학을 중세 유학이라고 부른다(주희가 만들었다고 주자학이라고도 하니까 중세 유학=성리학=주자학이다). 그럼 주희는 왜 고대 유학을 업그레이드해 성리학을 만들었을까. 그리고 그 시대적 배경은 무엇인가. 남송 이전, 송나라는 거란족 요나라에게 내내 시달렸다. 형제의 연을 맺고 매년 명주 20만 필과 은 10만 냥을 바쳤다. 송나라가 형이었고 요나라가 동생이었으니 참 이상한 형제였다. 그게 싫어서 송나라는 요를 무너뜨리기 위해 금나라를 끌어들인다. 이이제이 전법이었는데 현실은 재미없게 흘러갔다. 요를 멸망시키기는 했는데 금나라 역시 요나라와 다를 바 없었다. 결국 남쪽으로 내려와 남송을 차리고 이번에는 금나라에게 공물을 바치는 신세가 된다. 수준 낮은 오랑캐에게 자신의 조국(祖國)이 맞고, 갖다 바치고, 비굴해 하는 모습을 보며 탄식하던 주희는 정통과 명분을 내세워 한심한 현실을 극복하려고 했다. 비록 물리적인 세계의 강자는 금나라였지만 정신세계는 남송이 월등했기에 당장은 슬퍼도 얼마든지 참을 수 있었다. 그러니까 성리학은 일종의 '정신승리' 학문이었던 셈이다. 고려 말도 비슷하다. 몽골에게 점령당해 임금의 이름 앞에 충(忠)자까지 붙여야 했던 고려의 현실은 남송과 다를 게 없었고 그래서 안향은 동병상련으로 기꺼이 성리학을 받아들였던 것이다.

고려 성리학은 한반도에 들어온 1차 성리학이다. 2차 성리학인 조선 성리학은 퇴계 이황이 완성했다. 성리학이 정신승리 학문이라고 했다. 비루한 현실에 눈을 감고 비록 물질의 세계(군사)에서는 밀리고 있지만 정신세계만큼은 우리가 훨씬 우월하다고 자위하고픈 욕망의 산물이었다. 그럼 이황에게 남송의 금나라, 고려의 원나라에 해당하는 것은 무엇이었을까. 그것은 훈구세력이었다. 보통 단종을 몰아낸 수양대군 세조의 척신들을 훈구라고 부르지만 넓게 봐서 그 이전의 지배 계급까지 훈구세력에 포함해도 큰 무리는 없겠다. 그러니까 개국 공신(이성계 일당)+정란공신(수양대군 일당)이 훈구파인 것이다. 그럼 퇴계 이황은 어떤 처지였을까. 사림(士林)이다. 이성계, 정도전 일당의 혁명세력에 반대해 온건한 개혁을 꿈꿨던 이들은 조선의 건국이 불량하다 여겨 두문동으로 들어가 불출하면서 책만 읽었다. 김종직을 필두로 이들이 관직에 나오기 시작한 것이 조선 성종 때니까 건국 후 거의 100년 가까이 시간이 흐른 다음이었다. 이황의 성리학을 좀 더 살펴보자. 이황 철학의 핵심은 이기이원론(理氣二元論)이다. 무지하게 어려워 보이지만 내용을 알고보면 허무할 정도로 단순하다. 이(理)와 기(氣)만 알면 된다. 이상은

이(理)고 현실은 기(氣)다. 그러니까 이(理)는 플라톤의 이데아고 공자의 하늘이며 억압받고 있는 남송이고 고려다. 기(氣)는 금나라이고 원나라이며 이황의 시대에는 부패한 훈구세력이다. 열등한 기(氣, 훈구)가 순수한 이(理, 사림)를 누르고 있다고 본 것이 이황의 철학적 시각이었던 것이다(이 설명은 상황을 극단적으로 단순화시킨 것이라는 사실을 '반드시' 염두에 두셔야 한다. 이와 기는 생각보다 많이 복잡하고 까다롭다). 중국 남부와 한반도라는 공간적 제약과 무려 400년이라는 세월을 뛰어 넘어 이황은 주희와 통했다. 참고로 이황은 잠을 자는 동안에도 기 자에게 감사하라고 제자들에게 가르쳤던 인간이다.

3.

변두리 전설이었던 예수의 이야기는 인텔리 분자 바울이 가세함으로써 그리스도교라는 세계적인 종교로 탄생할 수 있었다. 까막눈 겨우 면한 그의 12명 제자 가지고는 절대 불가능한 위업이다. 바울은 사방의 종교적 동지들에게 편지를 써 때로 칭찬하고 가끔은 질타하면서 신약 23편 중 무려 11편을 집필했다(편지로 활동을 대신한 비슷한 예로는 혁명 성공 전의 레닌을 들 수 있다. 바울은 크리스트교 업계의 레닌이었다?). 머리가 팽팽 돌아가는 인재가 있어야 종교든 기업이든 기초가 만들어진다는 말씀이다. 물론 주창자 자신이 직접 설계를 하는 경우도 있지만 결국은 '두뇌'가 달라붙어 이를 완성시킨다.

조선 건국에서 이 역할을 맡은 인물은 정도전이었다. 불교와 달리 성리학은 현세를 중시하며 인간이 만들어가는 현실 세계의 여러 관계와 그 관계 속에 놓인 인간을 관심의 대상으로 삼는다. 자기완성을 지향하며 밖으로는 타인과의 관계에서 질서를 추구한다는 얘기인데 까다로워 보이지만 별 거 없다. 자기완성이란 수양을 하네, 덕을 쌓네, 인(仁)을 추구하네, 따위를 말한다. 이건 어느 학문, 종교와 별반 다르지 않다. 중요한 건 '타인과의 관계와 질서'다(관계를 질서로 이해해도 무리는 없겠다). 질서정연한 인물이었던 정도전은 두 개의 질서를 구상했다. 하나는 문명의 기준인 중화문명과의 질서다. 즉위한 해 이성계는 명나라에 사신을 보내 조선과 화령(이성계의 근거지인 함흥 일대) 중에서 하나를 국호로 골라 달라고 했다. 명나라는 조선을 찍어주었고 그게 500년 왕조의 이름이 되었다. 이 대목에서 정도전의 말을 직접 들어보자.

"명의 천자가 칙서를 통해 말하기를 조선이라는 칭호가 아름답고 전래된 지가 오래 되었으니 그 이름을 근본으로 삼아 하늘의 이치를 체득하고 백성을 다스려 후사를 영구히 번성케 하라 하였다. 이제 조선이라는 아름다운 칭호를 이어받았으니 기자의 선정(善政) 또한 마땅히 강구해야 할 것이다."

기자 조선은 상나라 왕실 혈통인 기자가 고조선 지역에 책봉을 받아 세웠다고 전해지는 왕조로 학술적, 고고학적 실존여부는 매우 불분명하다. 그러나 19세기까지 역사적인 사실로 받아들여졌고 정도전은 이를 자신이 그린 청사진의 기본 구도로 활용한 것이다. 기자 조선에 대한 설명을 더 들어보자.

"조선의 단군은 동방에서 처음으로 천명을 받은 왕이고 기자는 처음으로 교화를 일으킨 왕이니 평양부로 하여금 시기에 따라 제사를 올리도록 해야 할 것이다."

중국적 세계질서에 적극적으로 참여하겠다, 수준이 아니라 작정하고 밑으로 들어가겠다는 얘기다. 정도전이 단군 조선이 아니라 기자 조선의 줄기가 되고자 했던 것은 고려 왕조와 차별성을 두면서 중화문명의 권위에 기대어 그 관계를 통해 조선의 위상을 정립하겠다는 의도였다. 그런데 정치적인 예속을 스스로 선택한다? 현대의 주권국가 개념으로는 당시를 이해하면 곤란하다. 이 예속은 이념적이고 예(禮)적인 것이었다. 물론 군사적 기반에 의해 지탱되기는 하였으나 형식상으로는 소프트웨어상의 굴복 혹은 참여다. 예라고 하는 소프트웨어의 상호관계에서 명나라의 아랫자리를 적극적으로 추구한 것이 정도전의 '관계'와 '질서'였던 것이다. 중국과 조선의 질서를 이념적으로 완성한 정도전은 이제 조선 내부의 질서를 구상한다. 이런 명제 들어보신 적 있을 것이다. 군주는 국가에 의존하고 국가는 민에 의존한다. 소위 민본사상이다. 한편 민은 군주의 하늘인 동시에 통치의 대상이기도 하다. 그렇다고 마구 다스려서는 곤란하다. 마음을 얻으면 복종하지만 마음을 잃으면 인민이 군주를 버리기 때문이다. 해서 군주는 천명(天命)을 대신해 인(仁)으로 다스리는 존재가 되어야 하는데 이는 현실적이라기보다는 추상적이고 상징적인 질서 공간에서의 군주다. 상징적인 구심점이자 세습을 통해 왕조의 정통성을 이어가는 존재인 것이다. 군주가 현실 정치에서 할 일은 딱 둘이다. 하나는 현명한 사람을 재상으로 발탁하는 것이고 다른 하나는 이 재상과 정사를 협의하는 것이다. 말이 협의지 군주의 역할보다 사대부의 역할을 강조한 것으로 정도전은 왕권국가가 아니라 신권(臣權)국가를 꿈꾸었던 것이다. 사대부의 역할은 군주를 관리하는 것에서 끝나지 않는다. 조선이라는 국가 내부의 신분 질서 역시 사대부의 통치였다. 이게 사농공상이라는 질서다. 10% 남짓 사대부가 70% 수준의 농민을 교화하며 그 밑으로 공과 상이 이를 보조하는 것이다. 상보다 공이 위인 것은 그래도 공은 뭐라도 만들기 때문이며 상은 그저 만든 것을 비싸게 팔아 이익을 취하기 때문이다

정도전은 이방원의 쿠데타로 초라하고 비굴하게 죽는다. 그러나 그의 후예들은 끝까지 살아남아 기어이 정도전의 이상을 실현한다. 당연한 일이다. 군주는 물리적인 개체수로도 일방적인 열세

지만 사대부는 계속 충원되며 그중에서도 기량이 뛰어난 자들이 조정을 점령하고 쉼 없이 군주를 압박하기 때문이다. 조선 시대를 통틀어 왕권이 강했던 시기는 태종과 세조 그리고 숙종과 군주는 아니지만 막강한 권력을 휘둘렀던 대원군 이하응 때가 전부다. 조선사를 군주의 이어달리기로 읽어서는 안 되는 이유이기도 하다. 성리학과 사대부의 나라가 조선이라는 나라의 실체인 것이다.

조선이 문을 닫으면서 2차 성리학의 수명은 끝난다. 그러나 말한 대로 내부 파열이 아니었던 탓에 유전자는 그대로 살아남아 다시 부활하니 이게 이른바 3차 대한민국 성리학인 86세대 사림이다. 이들은 어떤 정신승리를 꿈꾸었던 것일까. 86세대에게 극복해야 할 기(氣)는 전두환 군부와 이와 결탁한 매판 자본가들이었다. 비록 힘에서는 밀렸지만 이들은 자신들의 높은 도덕성과 함께 널리 인민을 이롭게 한다는 공산주의 이념을 이(理)로 삼아 전복을 꿈꾼다. 그리고 지적으로 우월한 자신들이 역시 공과 상을 관리해 20세기 스타일 사농공상의 질서를 다시 세워야 한다고 확신했다. 이는 60년대부터 90년대 초반까지 겨우 30여 년 이어진 공상의 전성시대에 대한 노골적인 반감이기도 했다. 1992년 김영삼의 문민정부 때부터 등용되기 시작한 신(新)사대부 386은 말로는 인민(공상)을 위한다면서도 실은 무지한 인민을 계도하고 사족들의 지배를 다시 공고화하는 작업에 들어갔으며 그 결과가 2024년 대한민국의 현재 모습이다(김영삼이 일본의 버르장머리를 고쳐 놓겠다고 떠들어댄 것은 소(小)중화의 연장선상). 2017년 11월 공정거래위원장 김상조는 경제 부총리가 주재하는 장관회의에 지각한 이유를 이렇게 말했다. "재벌들 혼내주느라고 늦었다." 농담처럼 했지만 오랜 울분을 담은 진심 발언이었다. 서울대에서 경제학 학사부터 박사까지 마치고 한성대학교에서 무역학과 교수를 했던, 도덕적이고 지적으로 우월한 십(十)선비 김상조 선생은 돈 좀 벌었다고 거들먹거리는 공과 상을 차마 견딜 수 없었던 것이다(심지어 학교 다닐 때 공부도 못했던 것들이). 그래서 질서를 바로 세우고 지도편달을 통해 아랫것들을 교화하고자 하는 사대부 세계관을 여지없이 드러낸 것이다. 아. 이 유구하고 끈질기며 집요한 그대들 목민의 욕구여.

4.

이념을 세웠으니 이제 왕조의 가계 마사지를 할 차례다. '뿌리 깊은 나무는 바람에 아니 흔들리므로 꽃 좋고 열매 많으니, 샘이 깊은 물은 가뭄에 아니 그치므로 내(川)가 되어 바다에 가나니' 다들 아시는 문장이다(심지어 만 원권 지폐 앞면에도 나와 있다). '용비어천가'인데 이건 2장이고 1장은 이렇게 시작한다. '해동 육룡이 나라샤 일마다 천복이시니 고성이 동부하시니' 고성은 옛 성인을 말한다. 동부(同符)는 부절(符節)이 딱 맞아떨어진다는 의미다(부절은 옛날 사신들이 몸에 지니고 다닌 일종의 신분증. 하나를 반으로 나눠 사신과 임금이 각각 보관했고 나중에 맞추어 온전할 때 부합(符合)이라고 했다). 고대 중국에서 나라를 세운 성인과 조선 개국 육룡이 이룬 일들이 딱 들어맞는다는 자화자찬으로 여기서 육룡은 목조, 익조, 도조, 환조 그리고 태조와 태종을 말한다. 태조 이성계의 4대조까지 추존하여 가문의 격을 올렸는데 건국군주의 4대 즉 고조부까지 군주로 추존하는 게 당나라 이후의 관습이었다. 가령 1897년 개창한 대한제국도 고종황제의 족보상 4대조까지 황제로 추존했다.

   왕으로 올린 목조부터 환조까지의 이름이 이안사, 이행리, 이춘, 이자춘이다. '조선왕조실록'에 의하면 지역 토호였던 이안사는 전라도 전주에서 동해안을 타고 올라가 삼척에 자리를 잡았고 얼마 후 다시 동북면의 의주(원산)로 이주해 근거지로 삼는다. 이 시기 몽골과의 전쟁으로 강화도로 천도한 고려 조정은 국경까지 방어할 여력이 없었다. 해서 지역 유력 호족들에게 국경의 방어를 맡기는 일이 종종 있었고 이런 연유로 이안사는 졸지에 의주병마사 직책을 달게 된다. 군권을 맡긴 것으로 미루어 이안사의 집단이 상당한 무력을 갖추었다는 것을 짐작할 수 있다. 그러나 사세 판단이 빨랐던 이안사는 1255년 몽골에 덜컥 항복을 해버렸고 지역을 관장하던 칭기즈 칸의 막내 동생인 옷치긴 왕가에서 밍간(千戶長) 겸 다루가치 직위를 받는다. 고려 군벌에서 몽골 군벌로 재탄생이다. 원나라의 지방 관리인 다루가치는 몽골족이 아니면 좀처럼 하사하지 않는 고위 관리직이다. 즉 이들은 호적상 고려인이 아니라 몽골인이었다. 실제로 이성계의 할아버지인 이춘은 보안테무르, 아버지 이자춘은 울루스불카라는 몽골 이름을 가지고 있었다. 1290년 이안사의 아들 이행리는 다른 밍간들과의 불화 끝에 지역의 기반을 상실하고 쌍성총관부의 함주(함흥)로 이주한다. 이행리는 1300년 다시 원나라로부터 지역 다루가치에 임명되었고 이 직위는 이춘과 이자춘에게 세습된다. 이들은 전주 이씨 고려인이 아니라 수대에 걸친 사실상 몽골 귀족이었던 것이다.

이 가문이 다시 고려 왕조의 품에 안긴 것이 1355년이다. 고조부 이안사처럼 이자춘은 정세 판단이 빨랐고 원나라의 생명선에 빨간 불이 들어왔음을 감지했다. 공민왕의 반원 자주 정책에 올라타기 위해 이자춘은 공민왕을 알현했고 이듬해인 1936년 쌍성총관부 총공격에서 큰 공을 세운다. 이 일로 이자춘은 고려의 공신이 되었고 종3품의 '대중대부' 품계와 '사복경'이라는 고위 관직을 하사받는다. 몽골 군벌에서 고려 공신으로 신분 세탁에 성공한 것이다. 이어 고려 조정은 이자춘을 '삭방도만호 겸 병마사'로 임명해 구(舊) 쌍성총관부 지역 통치권을 맡긴다. 대신 지방으로 파견하는 관리의 아들을 잡아두는 기인 제도로 이성계가 개경에 남게 된다. 결과적으로 이성계에게는 잘된 일이었다. 1356년 공민왕이 참관한 격구 대회에서 22세의 이성계는 발군의 실력을 선보이며 공민왕의 흥미를 끌었고 이후 개인적인 친분을 쌓게 된다. 이자춘이 병사하자 후임자를 결정해야 하는 상황에서 공민왕이 이자춘의 장남인 이원계가 아닌 이성계의 이름에 낙점을 한 것은 이때의 후과다. 원나라를 동북으로 쫓아 보낸 명나라는 쌍성총관부 지역에 명나라 직할인 철령위 설치를 고려에 통보한다. 더 정확히는 요동에 귀속시킨다는 얘기였다. 공민왕의 뒤를 이은 우왕은 격렬하게 반발하면서 8도의 병사를 모으는가 하면 관복을 원나라 제도로 환원하는 등 반명 정책을 편다. 친원파였던 최영과 요동 정벌을 상의했고 1388년 북원이 명나라에 항복하자 우왕은 요동정벌을 확정한다. 이성계는 사(四)불가론을 내세워 정벌에 반대했지만 우왕에게는 먹히지 않았고 결국 압록강의 위화도에서 회군하여 고려를 뒤엎고 새 나라를 세우게 된다. 고려에서 몽골 군벌로 그리고 다시 고려로 귀순했다가 친명노선으로 갈아탄 이 집안의 생존법이 마침내 빛을 발하는 순간이었다.

여말선초의 변두리 가십성 이야기 몇 개 늘어놓는다. 흔히 고려를 원나라의 부마국이라 하지만 당시 원나라 황실과 고려 왕실은 거의 한 집안이었다. 처음에는 사위로 시작했지만 시간이 지나면서 신임 원나라 황제와 처남매부가 되고 황실의 일원이 되기 때문이다. 이들은 원나라 연경에 머무는 시간이 길었고 그 화려함에 익숙해져 고려의 왕으로 오는 것을 기피하기까지 했다. 충선왕은 원나라에서 귀양살이를 하는 한이 있어도 고려의 왕으로 가지 않겠다며 갖은 앙탈을 부렸다. 첫 통혼 대상자였던 충렬왕부터 6번째 충자 돌림 왕인 충정왕까지와 달리 공민왕은 앞에 충자가 붙지 않는다. 시호를 명나라에서 받았기 때문이다. 우왕과 창왕은 신돈의 씨라 하여 시호가 없고 마지막 임금인 공양왕의 경우 신왕조 조선에서 추증한 것이다. 조선을 건국한 것은 이성계다. 그러나 건국을 결정한 것은 이방원이었다. 이성계는 최후까지 망설였다. 그에게는 고려 왕실과 자신을 발탁하고 키워준 공민왕에 대한 충성심도 제법 있었다. 이를 싹둑 자르며 쿠데타를 확정한 이방원은 자신을 포함 조선 초기 네 명의 왕을 세운 인물이다. 정몽주를 척살한 이방원은 이성계에게 이렇게 말했다. "그냥 아버지가 왕 하세요." 1차 왕자의 난에서는 배다른 형제인 둘을 죽이고 이성계에게 이렇게 요구했다. "형님인 방과에게 양위하세요." 2차 왕자의 난을 끝내고는 이렇게 말했다. "내가 왕을 하겠다." 첫째 아들을 폐하고 셋째를 왕위에 올리면서 이렇게 말했다. "큰 애의 심성의 황폐하니 네가 왕을 해라. 단 군권은 내가 살아있는 동안에는 절대 못 준다."

키워드 둘
·
세종

1.

태종이 그렇게 말한 데는 이유가 있다. 세종이 심각한 무치(武痴)였기 때문이다. 양녕은 동생에 대해 험한 말을 한 적이 없다. 폐세자 직전 갖은 한심한 짓으로 충녕과 비교되어 자신이 난타당할 때도 양녕은 미움은커녕 충녕의 어짊을 칭찬하며 장차 국가의 대사를 함께 의논하겠다고 태종에게 말하기까지 했다. 그랬던 양녕조차 무과적 재질을 묻는 질문에는 1초도 망설이지 않고 "충녕은 용맹하지 못합니다"라고 단언하였으니 충녕의 무력지수(武力指數)가 얼마나 낮았는지 짐작할 수 있다. 무인의 집안인데도 불구하고 충녕은 기초 체력장에 해당하는 사냥조차 제대로 하지 못했다. 과다 비만이었던 탓에 말에 오르는 것도 힘들어 헐떡거렸으니 할 말 다 했다. 무(武)에 재능이 없더라도 병법의 구사는 그와 별개의 문제다. 그러나 임기 초반 세종은 이 부문에서도 화끈하게 낙제를 했다. 왜구의 약탈 문제가 나왔을 때 세종은 태연하게 이렇게 의견을 말했다. "바다에서의 전투는 포기하고 육전만 준비하는 게 어떻겠소?" 듣는 신하들 경악하여 뒤로 나가자빠졌다. 병조참의 박안신은 삼면이 바다인 나라인데다 일본과 심히 가까이 있어 해전을 포기할 경우 해안가 백성들의 삶은 난도질당할 것이며 국가 안보상으로도 심각한 사태가 발생할 수 있다며 세종을 타박했다. 이러니 태종이 군권을 넘기지 않은 것이 충분히 이해가 된다. 로마의 초대 황제 아우구스투스는 문약했다. 그런 그의 약점을 염려하여 양아버지 카이사르는 아그리파라는 명장을 옆에 붙여 주었다. 아우구스투스가 질 수 없는 전투를 졌다면 아그리파는 이길 수 없는 전쟁을 이기는 인물이었다. 아그리파가 없었으면 아우구스투스도 없었다. 정적을 죽이느라 진을 다 뺀 탓이었을까. 태종은 세종 옆에 아무도 세워주지 않았다. 자신이 영원히 살 수 있는 것도 아니고 대체 무슨 생각으로 태종이 그리했는지는 의문이다. 놀라운 건 그럼에도 불구하고 세종은 알아서 무장을 발탁했으며 나라 밖으로 정벌군을 보내 영토를 넓히고 국경을 안정시킨 조선의 몇 안 되는 임금 중 하나였다는 사실이다. 여진족을 압박해 압록강 상류 지역에 4군의 마을을 그리고 두만강 하류 지역에 6진을 설치한 것이 세종이었다. 무력증강을 위해 명나라를 능가하는 총통을 만들어낸 것도 세종이었다. 개발하기만 한 것도 아니다. 즉위 19년 차인 1437

년에는 세총통 150정을 실전 배치했고 10년 뒤인 1447년에는 총포를 다루는 특수부대 총통위 병사의 수를 2,400명까지 확보했다. 이듬해인 1448년에는 500보에 불과하던 총통의 사거리를 1,500보까지 늘였으니 조선이 활의 나라인지 총포의 나라인지 헷갈릴 지경이다.

세종의 군사 파트너는 김종서였다. 그는 난이도 높은 일을 맡겨 사람을 단련시키는 세종의 스타일이 가장 많이 투영된 인물이기도 하다. 나이는 김종서가 열네 살 더 많다. 김종서의 첫 미션은 암행어사였다. 수확량이 지나치게 높게 책정되어 백성들이 과다한 세금에 시달린다는 장계와 풍년이 확실하다는 장계가 동시에 올라온 것이다. 세종은 문제의 강원도에 김종서를 어사로 파견했다. 임금 어(御)자가 붙은 어사는 누구나 두려워 덜덜 떨 것 같지만 직급은 지방 수령과 같은 정6품이었고 백성보다는 알음알음으로 선이 닿는 지방 수령과 긴밀해지기 십상이라 우리가 알고 있는 "암행어사 출두야~"의 정의구현은 소설에나 나오는 얘기다. 김종서는 달랐다. 그는 관아의 뜨끈한 아랫목에 앉아 보고를 듣는 대신 눈보라를 맞으며(임무 수행 기간이 12월) 강원도 외진 지역까지 다 눈(目)으로 헤집고 다녔다. 그래서 세종에게 올린 보고서가, 강원도는 흉년이 맞으며 원주, 영월, 인제, 춘천, 횡성 등지의 굶주린 백성 729명에게 조세를 면해 달라는 것이었다. 세종은 파견 한 달여 만에 구체적인 대안까지 제시한 김종서의 업무 수행에 만족했고 거짓 장계를 올린 관리를 하옥하여 엄하게 문책했다. 김종서는 안면 있는 벼슬아치의 이익과 생판 모르는 백성들의 이익이 충돌할 때 백성 편을 드는 몇 안 되는 사대부였다. 김종서의 공직관은 '맹자'를 기반으로 한 것으로 백성이 가장 귀하고 사직이 둘째이며 군왕은 그보다 가볍다는 신조를 평생 유지했다. 보통은 김종서 '장군'으로 기억하지만 그는 무신이 아니라 문신으로 태종 5년인 1405년 스물셋 나이에 식년 문과(3년에 한 번씩 33명 선발)에 급제한 정통 문과 엘리트다(성적은 13등).

발로 뛰는 감찰로 김종서는 세종의 신임을 얻었고 이조정랑에 제수된다. 직급은 정5품이었지만 이조정랑은 양사(사헌부, 사간원) 소속 관리의 추천권을 쥔 핵심 요직으로 정승으로 가는 코스이기도 했다. 이조정랑 이야기는 당쟁 파트에서 자세히 다룬다. 1432년 세종은 뜬금없이 김종서에게 활과 화살을 내려준다. 하사품도 하사품이지만 딸려온 멘트가 "항상 차고 있다가 짐승을 쏴라"였다. 문신에게 활과 화살을 항상 차고 있으라니 어이가 없었지만 세종의 행동에는 늘 이유가 있다. 바로 전 해 김종서가 보고한 함길도 길주의 군사 문제에 대한 해결방안을 눈여겨본 것인데 즉 김종서에게서 무신의 재질을 발견한 것이다. 세종이 김종서에 이어 2차로 발굴한 인물은 최윤덕이었다. 세종은 최윤덕에 대해 물었고 김종서는 "비록 학문은 없으나 마음이 정직하고 뚜렷한 잘못이 없으며 무엇보다 무술이 뛰어납니다"라고 답했다. 어린 시절 소에게 꼴을 먹이러 갔다가 호랑이를 만나자 화살 한 대로 쏘아죽인 것으로 유명했던 최윤덕을 높이 평가하면서도 김종서는 학문이 시시하다는 비평을 잊지 않았다. 세종은 최윤덕을 평안도 도절제사로 임명한다(도절제사는 각 도의 군사 책임자로 조선 초기에는 병마도절제사라고 불렸다). 아직 명확해지기 전이었던 북방 지역의 국경을 확실하게 하기 위해 4군을 개척하라는 명령이었다. 이어 세종은 김종서를 함길도 관찰사로 발령한다(관찰사는 각 도의 지방토치를 관할하던 종2품의 지방 장관으로 무관직을 겸했으며 그 아래 직책이 역사책에 자주 등장하는 '목사'다). 세종이 내린 교지 일상적인 지방관의 업무가 아니었다. 김종서에게는 북방영토개척이라는 화끈한 미션이 주어진다. 업무를 성공적으로 마무리하며 김종서는 무려 7년을 근무했다. 통상 1년이 임기요, 길어야 30개월을 넘지 않았으며 세종이 즉위한 2년 동안에는 6명이 갈린 관찰사 직책이었으니 세종이 김종서를 얼마나 신뢰했는지를 알 수 있다(멀리서 일 잘하고 있으면 트집을 잡아 물어뜯어 죽이는 게 조정 관료들의 일인 것을 생각하면 더더욱). 김종서에게 활과 화살을 하사한 것은 그 암시였으며 세종은 김종서에게는 동북쪽 국경을, 최윤덕에게는 동서쪽 국경을 맡겨 북방 영토 개척과 보수, 유지를 맡겼던 것이다. 관찰사 부임 2년 차에 김종서의 노모가 사망한다. 장례를 치루고 난 김종서는 예법대로 3년 시묘살이를 요청하지만 세종은 100일만 통곡하고 임지로 돌아가라 단호하게 자른다. 나라에 큰일이 있을 때는 3년 상을 마치지 않는 기복출사를 근거로 한 것이었다. 그런데 당시 나라에 무슨 큰일이 있었다고. 세종은 김종서 없는 함길도를 생각할 수 없었던 것이다. 소상, 대상 등 상례에 따라 치르는 제사에 참석하고 싶다는 김종서의 청에도 세종은 냉랭하게 대답한다. "경의 모친에게 아들이 하나뿐인 것도 아니요, 형도 있고 여동생도 있으니 경은 임금이 명령하는 일을 하고 형이 집안일을 하는 것이 옳지 않겠는가." 이렇게까지 나오는 세종에게 김종서 역시 더는 매달릴 수가 없었다. 병든 아내를 이유로 김종서가 사직서를 내는 등 비슷한 상황이 벌어졌을 때도 세종의 대처는 한결 같았다. 그의 아내에게 어육(魚肉)의 종류와 다소를 논하지 말고 연속으로 주라고 했을 뿐 김종서를 즉시 찬바람 부는 함길도로 보내버렸다. 욕하면 안 된다. 군왕의 길은 그토록 잔인한 것이다. 개인의 슬픔과 고난은 아무리 깊어도 사소한 것이며 왕조의 영속은 그보다 크고 중하다. 이들의 희생을 갈아 넣으며 걸어야 하는 것이 군왕의 길인 것이다. 그런 이유로 세종은 아버지 태종이 세종 자신의 외가를 토벌해 장인과 삼촌들을 모조리 죽였을 때도 침묵하고 일상적으로 업무를 수행했다. 세종은 "북방의 일은 김종서가 있어도 과인이 없었으면 이루지 못했을 것이고 과인이 있어도 김종서가 없었으면 이루지 못했을 것이다"라는 말로 자신의 소명과 김종서의 사명을 한 문장으로 정리했다.

2.

18세기 프랑스의 계몽 시대, 일단의 사상가들이 '백과전서' 집필과 간행에 나선다. 이들은 역사, 철학, 문학이라는 기본적인 분류 체계 아래서 인류가 생성한, 지상의 모든 지식을 다 끌어모았다. 그보다 3세기나 앞선 15세기 조선에서는 '왕립 백과전서파'가 등장하니 이들을 집현전 학사라고 부른다. 농업 국가답게 농사짓는 법에서부터 법률, 문학, 역사, 지리, 어학, 천문학, 역학 등 다양한 서적이 출간된다. 이과(공학) 머리가 부족한 이들을 보완하기 위해 세종은 기생 아들 천출인 장영실을 발탁하여 물시계 자격루, 옥루, 휴대용 해시계인 현주일구, 방향을 가리키는 정남일구, 공중시계인 앙부일구, 밤낮으로 시간을 알리는 일성정시의 등을 만들도록 했다. 세종 통치기는 실용적인 지식이 생산되고 과학 기술이 발달했던 조선 500년의 아주 이례적인 시대였다.

세종은 태종이 왕권 강화를 위해 만든 육조 직계제를 물려받아 18년 동안 이를 유지했다. 왕과 6조의 판서들이 다이렉트로 보고하고 지시하고 일하는 구조다. 이 구조는 임금이나 정승이나 몸이 남아날 수 없다는, 오래 버티기가 사실상 불가능하다는 단점이 있다. 지친 세종은 왕위를 세자에게 넘기고 업무에서 손을 떼고 싶었다. 그러나 누워서라도 정치를 하시라는 신하들의 만류 때문에 번

번이 이를 접어야 했고 결국 세자에게 위임통치를 맡기는 대신 권력의 일부를 신하들에게 넘기는 것으로 계획을 마무리 지었으니 그게 의정부서사제다. 6조의 장이 영의정, 좌의정, 우의정 삼정승에게 보고를 올리고 심사를 마치면 이게 세자를 거쳐 최종적으로 세종에게 올라가는 결재라인이다. 그러나 만기친람 중 세종이 절대 놓지 않고 직접 처리하는 업무가 있었으니 사대와 교린의 업무다(둘 다 이웃나라와 통교한다는 뜻이지만 실제로는 중국과의 외교 관계는 사대, 주변국인 일본, 여진 등과의 관계는 교린이라 하여 사대와 구별하였다). 물론 더 중한 것은 사대로 명을 섬기는 중화질서만큼은 직접 관장했는데 실록에도 이에 대해 여러 차례 언급이 나온다. 실록 25년을 보면 "근래에 기왕의 병이 점점 더하여 총찰(總察)하여 다스리기가 더욱 어려우니 사대와 교린에 관한 것 그리고 변경에 관한 것 등의 일은 내가 친히 재결하겠고 나머지는 세자에게 맡겨 청결(聽決)한다"고 되어 있다. 흔히 말하는 소중화주의(小中華主義)로 이는 중화질서의 문화적 중심을 지향하는 조선 왕조의 개창 아이덴티티다. 세종은 여기에 진심을 다했다. 신하들이 중국에 대한 사대적인 태도를 비판할 때도 꿋꿋이 이를 무시하며 마이 웨이를 실현했다. 단순한 사대가 아니라 지성사대(至誠事大)였다. 그런데 총포를 단독으로 개발하고 달력을 만들며 자주성을 추구하는 동시에 사대에 매진한다? 세종이 사이코패스도 아니고 이는 분명 충돌이 난다. 아마 세종 자신도 이 문제를 논리적으로 설명하지는 못했을 것이다. 다만 세종이 조선을 주체적인 입장에서 이끌었다기보다는 중화문명질서와의 유기적인 관계 속에서 이 문제를 조화시키려고 한 것만은 확실하다. 예(禮)에 입각한 질서공간에 적극적이고 능동적으로 참여하는 것은 왕조 국가의 입장에서 대외적인 안보와 안으로는 정통성을 구가할 수 있는 중대한 현실정치적인 사안이었기 때문이다. 왕조의 생명이 걸린 일이었기에 세종은 사대를 남의 손에 넘기지 않았다. 세종이 꿈꾼 나라는 '중화질서의 문명 기준에 의거하여 삶과 정치의 공간 속에서 고도의 윤리적, 문화적 수준을 구가하는 문명국가'였다. 그것은 세종의 한계이자 처음부터 조선의 한계였고 결국 그 한계는 왕조를 한계 이상으로 발전시키지 못한 채 460년 후 외세에 의해 붕괴되고 만다(숫자의 기준은 세종 재위 끝과 을사늑약).

3.

조선의 국왕 중에 애민정신이 없는 임금은 없었다. 다들 착해서가 아니라 국가의 질서가 애초부터 그렇게 만들어져 있었기 때문이다. 차이는 이를 실현했는가 안 했는가 그리고 했다면 얼마나 성실하게 했는가 불성실했는가 정도의 차이겠다. 재위 12년차인 1430년 세종은 임신한 관노의 복무를 출산 1개월 전부터 면제해주도록 했다. 실록에는 이렇게 나와 있다. "옛적에 관가의 노비가 출산할 때 출산 7일 이후에 복무하도록 한 것은 아이를 버려두고 복무하면 아이가 상할까 염려한 것이다. 그래서 일찍이 100일 간의 휴가를 더 주게 하였다. 그러나 출산 때까지 일하다가 미처 집에도 닿기 전에 아이를 낳는 경우가 있으니 아이를 낳기 전 1개월간의 복무를 면제해주면 어떻겠는가. 가령 그가 사정을 속인다 할지라고 1개월까지야 넘을 수는 없을 것이다. 그러니 상정소(詳定 所)에 명하여 이를 위한 법을 제정하게 하라." 관노의 출산까지 꼼꼼히 챙긴 세종이지만 한편으로 세종 시기 노비가 늘었다는 비판도 있다. 세종이 시행한 이른바 노비종모법(奴婢從母法)이다. 양인(良人) 남자와 천인처첩(노비) 사이에서 태어난 아이의 신분을 모계를 따라 노비가 되게 한 신분법인데 이것만 달랑 놓고 보면 마치 세종이 노비 예찬 & 양성론자처럼 보이기도 한다. 그러나 앞뒤 사정을 보면 전혀 아니다. 무자비한 왕권 강화와 함께 아버지 태종이 집중했던 것이 재정 확보다. 새 나라에 들어갈 돈은 너무나 많이 필요했고 액수는 항상 부족했다. 이때 황희가 기막힌 가모(嘉謀)를 올린다. "아비가 양인이면 자식도 양인이어야 하는 종부법이 타당한 줄로 아뢰옵니다." 태종은 바로 OK 사인을 내린다. 정치적 불안을 야기할 수 있는 사병을 줄이고 양반의 사적 재산에 해당하는 노비를 감소시켜 양반층을 견제하고 노비가 아닌 양인의 신분을 가진 아이들이 성장하면 세수에 보탬이 될 것이니 뭐 하나 나쁠 것이 없었다. 인권 향상까지는… 모르겠다. 세종 대에는 재정도 나름 안정되고(이 문제는 논란이 많다. 세종 시기 자연재해도 많고 왜구 침략도 빈번했기 때문이다. 다만 정치적으로 안정이 되었으니 경제적으로도 다소 안정이 되지 않았을까 추정할 뿐이다) 굳이 노비를 양인으로 바꿔야 할 이유가 없었다. 그리고 노비종모법을 실행한 가장 중요한 이유는 따로 있다. 노(奴)의 씨를 밴 비(婢)들이 태어날 아이의 신분이 노비가 되는 것을 막기 위해 아비를 가짜로 내세우는 경우가 많았기 때문이다. 이 과정에서 가짜 아비와 물질적, 육체적 거래가 이루어졌음은 물론이겠다. 심성이 고운 세종은 이 사실을 알고도 두고 볼 수는 없었다. 부모 자식 천륜을 어지럽히는 것이 종부법이라 하여 이를 폐지하고 종모법으로 돌린 것이다. 덕분에 홍길동이 탄생하긴 했지만 어쨌거나 세종의 의도는 선한 것이었다. 의도가 선했다고 단정적으로 말하는 것은 이 사안 말고도 여러 사업에서 세종이 백성을 일차적인 고려의 대상으로 한 사례는 많기 때문이다. 종모법은 계속 유지된 게 아니다. 임금에 따라 종부법이 되었다 종모법이 되었다 양천제가 되었다 하다가 1894년 갑오개혁 때 아예 노비제도 자체가 폐지된다.

4.

황희는 두 얼굴의 사나이다. 성실하고 정직한 재상 소리를 듣는가 하면 반대로 재물과 뇌물을 하도 밝혀 '황금 대사헌' 별명까지 있었다. 그러나 사람이 어떻게 일관되게 성실하고 정직할 수만 있으며 마찬가지로 내내 탐욕스러울 수 있겠는가. 사람을 보지 말고 상황을 믿으라고 했다. 상황에 따라 황희도 때로 오락가락 행동을 했을 것이다. 가령 반역자 박포의 아내를 숨겨놓고 내내 정을 통하기도 했는데 마침 그 무렵 황희의 성적 욕구가 많이 발동해서 그랬나보다 하면 그만이다. 아니면 박포 아내의 미색이 도를 넘었거나. 하여간 내내 착하거나 나쁜 사람은 불가능하다. 세종과 함께 자주 등장하기 때문에 세종 때 전성기를 누린 인물로 생각하기 쉬운데 황희는 이미 태종 시대에 권력의 정점에 올랐던 사람이다. 지금으로 치면 대통령 비서실장, 행정각부 장관, 국무총리까지 지냈으니 실력만큼이나 관운도 따랐다. 그런 그가 태종에게 밉보여 귀양을 간 것은 폐세자 건이 나왔을 때 적장자 계승 원칙을 고수하며 양녕대군을 두둔했기 때문이다. 파직된 뒤 남원에 귀양 가 있는 4년 동안 황희는 나름 삶의 보람을 찾았다(이때 그가 지은 누각이 이몽룡, 성춘향이 놀아나던 현재의 광한루). 백성들의 삶을 직접 살필 수 있었고 신왕조에 대한 인민들의 생각도 들을 수 있었다. 이때 황희에게 충격을 준 일이 있었으니 남원 인민들의 신왕조에 대한 생각이었다. 한양 조정에서는 '어느 덧' 창업 30주년이니 안정기에 들었다고 다들 생각했지만 민심은 달랐다. 이제 '겨우' 30년밖에 지나지 않았다며 관망 중이었기 때문이다. 이는 왕조에 대한 충성심이 매우 불투명하다는 말의 다른 표현이었다. 하긴 475년 동안 고려로 살았던 사람들이 불과 30년 만에 조선으로 산다는 건 불가능한 일이기도 했다. 황희가 세종 대에 민심을 얻는 여러 작업에 뛰어든 것은 아마 이때의 기억 때문이었을 것이다. 이 왕조가 정통성이 있으며 영속성을 가지고 있다는 확신을 신민들에게 심어주어야 했다. 그러나 실제로 왕권과 국정은 안정되어 있었다. 아니 안정 정도가 아니라 실은 전성기에 진입하고 있었다.

15세기 세종의 시대를 '조선의 때 이른 절정'이라고 부른다. 사실이다. 여진과 왜구를 격파했고 농업을 튼튼하게 세웠으며 천문으로 과학입국 근처까지 갔고 예악(禮樂)을 다듬어 그 좋아하는 예를 실천했다. 물론 가장 놀라운 사건은 훈민정음이다. 이쯤 되면 왕조의 전성기라 보아도 그리 틀리지 않아 보인다. 실제로 세종 이후 조선의 역사는 세종이 한 업적을 보수하거나 살짝 수정하는 수준에서 내내 놀았다. 창업 30년만의 전성기라니 대단하다. 그러나 아주 특별한 일은 아니다. 누르하치의 8번째 아들이자 2대 후금 군주였던 홍타이지가 다이칭 구룬(대청)으로 간판을 바꿔달며 즉위한 게 1636년이다. 청나라 전성기의 시작으로 보는 4대 황제 강희제의 등극은 1661년이다. 중신 넷이 대리로 다스리던 상황을 끝내고 강희제가 친정을 시작한 것이 16세가 되던 해인 1669년이니 이때부터를 청나라의 전성기로 볼 경우 건국 불과 33년차다. 둘의 공통점은 4대 군주였다는 것이고 다른 것이라면 아버지가 정적의 씨를 말려 편하게 집권했던 세종과 달리 강희제는 싸우면서 건설했다는 정도겠다. 결국 사람이다. 왕조가 클 때가 되어서 큰 게 아니고 그 인물 때문에 왕조가 성장했다. 전성기가 될 때가 되어 된 것이 아니라 사람이 있어서 전성기가 된 것이다. 그게 청나라의 강희제였고 조선에서는 세종이었다. 세종은 성군이고 명군이었다. 단 15세기 한정 성리학적 질서 안에서. 그럼에도 세종은 그의 시대에 뛰어넘을 수 있는 한계는 다 뛰어넘었다. 시간을 넘어 달리는 또 한 남자를 우리는 그로부터 500년이 지나 만나게 된다.

키워드 셋

•

전란시대 1, 2

[전란시대 1]

1.

김불운(不運)은 1582년 부산에서 태어났다. 김불운이 열 살 때 일본이 쳐들어왔다. 아버지는 칼에 베이고 어머니는 조총에 맞아 죽었다. 본인도 고생 많이 했다. 하필 살던 곳이 왜군이 지나는 길목인 탓에 7년 동안 전쟁을 하나도 빠짐없이 다 겪었다. 일본군이 사천 왜성을 쌓을 때는 대가 없이 끌려가 어깨살이 짓무르도록 돌을 날랐다. 전쟁의 ㅈ자만 나와도 진저리를 치던 김불운은 고향을 버리고 평안북도로 이사를 했다. 최대한 부산에서 멀어지고 싶어서, 다시는 악몽을 겪고 싶지 않아서다. 1627년 이번에는 북쪽에서 후금이 쳐들어왔다. 그의 나이 45세 때의 일로 두 달이 채 못 되는 기간이었지만 가족 하나가 망가지는 데는 충분했다. 아내는 끌려갔고 아이 셋 중 하나가 죽었다. 그는 다시 더 밑으로 내려왔다. 한양이다. 1636년 후금이 청나라로 이름을 바꾸고 또 쳐들어왔다. 차라리 평안북도에 있는 것이 나을 뻔했다. 병자전쟁은 짧지만 강렬했고 김불운은 남한산성에 갇혀 쫄쫄 굶으며 자신의 선택을 저주했다. 물론 김불운은 가상의 인물이다. 이 인물을 내세운 것은 임진전쟁과 병자전쟁이 시간적으로 별로 멀지 않으며 두 전쟁이 한 사람의 인생이 다 겪을 수 있는 전쟁으로 거의 붙어 있었다는 얘기를 하기 위해서다. 임진전쟁에 이은 정유재전이 끝난 게 1598년이다. 그리고 29년 만에 정묘전쟁이 났다. 1차 세계대전과 2차 세계대전의 전간기보다도 짧다. 그리고 9년 후에 또 병자전쟁이 났다. 45년 동안 네 번이나 전쟁을 치렀다. 이걸 견딘 것만 해도 조선은 대단한 나라다.

2.

도요토미 히데요시가 조선을 침공한 이유는 무엇일까. 전쟁이 소득 없이 혹은 실패로 끝났을 때 보통은 도발자의 망상으로 몰아가는 것이 후대 역사가들이 내는 가장 쉬운 답이다. 여기에는 히틀러, 히로히토 등이 들어간다. 그러나 경제적인 이해가, 관계가 빠진 전쟁은 없다. 일본을 통일한 후 도요토미 히데요시는 논공행상에 대규모의 토지가 필요했다. 그래서 아예 조선팔도를 선분양하여 다이묘들을 반도로 내몰았다. 가령 고니시 유키나가에게는 평안도, 가토 기요마사에게는 함경도, 모리 데루모토에게는 경상도, 고바야와카 다카카게에게는 전라도 같은 식이다. 전국시대의 열기가 식지 않은 가운데 무공을 세우려는 '피 끓는 청춘'에게 계속 칼을 쥐어준 배려는 덤이다. 다이묘들이 좋아서 조선 출정에 나간 것은 아니다. 출병 당시 영지 100석 당 대략 2.5명을 차출했는데(1석은 쌀 150킬로그램) 이런 식으로 계산해 가토 기요마사는 1만 명, 고바야와카 다카카게는 1만 5천 명의 군역을 졌다. 매우 가혹한 수치였다. 일본군의 규모를 보면 1번부터 9번까지의 본대와 10번부터 16번대, 여기에 수군, 번외 1, 2번, 특수부대 포함 대략 23만 9천여 명이다. 조선 8도 병력은 14만 2천여 명으로 절반이 좀 못 된다. 그러나 1차 참전 일본 병력은 수군 포함 16만 3천 명이었기에 그렇게 밀리는 머릿수는 아니었다. 반면 전투력의 차이는 엄청났다. 일본군은 전국시대 100년을 겪고 그 환란 가운데 살아남은 전투 기계들이다. 조선군은 대규모 전투를 치른 경험이 없었다. 일본군은 1만 명 이상이 동원되는 군단급 전투를 숱하게 치렀지만 조선군은 최대 2천 명 정도가 동원되는 여진족 전투를 벌인 것이 고작이었다. 그러나 한민족은 원래 전쟁을 대단히 잘하는 민족이다. 초반에는 내내 밀렸지만 싸우면서 배운다고 전황이 길어지면서 조선군의 전투력은 엄청나게 상승한다. 화기에 있어서 '활과 조총'의 전쟁으로 임진전쟁을 말하기도 하지만 조총부대는 일본군 전체의 10%에 불과했고 일본군이 조선군을 격파한 대부분의 전투는 백병전에서였다. 활을 조총보다 한 수 아래로 보는 시각도 오래된 클리쉐다. 조총의 유효 사격 거리는 100미터 남짓에 살상거리는 50미터에 불과했다. 반면 조선의 편전(애기살)은 300미터를 날아가고 100미터 안팎이 유효 살상 거리였다(그 유명한 잉글랜드의 롱보우와 비슷). 다만 조총의 무서운 점은 거리가 아니라 갑옷을 파고드는 살상력이다. 조선의 압도적인 우세는 화포와 수군이다. 화포는 세종이 남긴 업적이었고 해전 승리는 처음부터 끝까지 이순신의 개인기와 업적이다. 한 사람의 개인기가 전쟁의 양상을 바꾼 경우는 동서양을 통틀어 흔치 않다.

3.

1592년 4월(음력) 일본군이 부산에 상륙하면서 시작된 임진전쟁은 조정이 믿었던 북방 맹장 신립이 탄금대에서 무너지면서 20일 만에 한양이 함락되는 위기를 맞는다. 그러나 명군이 참전하고 각처에서 의병들이 일어나는 가운데 일본군은 전의를 상실했고 전쟁 1년 차인 1593년 4월 일본군은 한양에서 물러나 남쪽으로 퇴각한다. 이후 4년 간 강화교섭이 진행되는 가운데(조선은 빼고 일본과 명나라가) 일본군은 일부 귀국했지만 4만여 병력은 남아 부산에서 거제에 이르는 해안 지역에 왜성을 쌓고 조명 연합군의 공격에 대비한다. 1596년 9월 도요토미 히데요시는 회담 결렬을 선언하고 1597년 7월 14만의 병력을 다시 조선에 파병한다. 정유재전이다. 정유재전은 임진전쟁과는 성격이 다르다. 임진전쟁은 '정명가도(征明假道)' 즉 명나라 공략이었다. 조선을 일본의 후방 병참 기지로 구상했기 때문에 도요토미 히데요시는 조선 인민을 험하게 다루지 말고 민심을 얻으라고까지 지시했다. 그러나 정유재전은 목적 자체가 조선에 대한 보복이자 정복이었다. 명분 있게 철군할 수 있도록 협조하지 않는 조선이 미웠기 때문이다. 2차 진주성 전투에서는 조선군과 백성 6만여 명을 학살했고 전라도 지방에서는 조선 인민들에 대한 코 베기가 성행했다. 이순신을 밀어내고 삼도수군통제사가 된 원균이 칠천량 전투에서 134척의 판옥선 중 122석을 잃고 조선 수군을 해체 혹은 자진해산한다. 이때 자리에 컴백한 이순신은 배설이 탈출할 때 끌고 갔던 12척을 이끌고 "신에게는 아직 12척의 배가 있사옵니다." 명언을 남기신다(요기에 전라우수영 1척이 추가되어 해전 당시 조선 판옥선은 총 13척). 10대 1의 전력으로 맞붙어 적선 30척 이상을 수장(격파는 +100여 척)시킨 이순신의 전략과 담력은 가히 초(超)인간계라 할 수 있겠다. 이 패배로 일본 수군은 집단 우울증에 빠졌고 명량 해전은 일본의 원정 실패를 확정하는 첫걸음이 되었다. 1598년 8월 도요토미 히데요시가 죽는다. 일본 조정에서는 더 이상 전투를 이어나갈 이유가 없었고 한마음 한뜻으로 철수를 준비한다. 그러나 이순신은 이들을 곱게 돌려보낼 생각이 없었고 결국 정유재전 마지막 전투인 노량 해전이 벌어지는 가운데 이순신은 장렬하게 전사한다.

　모든 전쟁, 전투에는 대체로 죽은 자와 죽인 자가 명확하다. 그럼 대체 이순신은 누가 죽였을까. 임진전쟁에서 유명한 일본군 장수를 꼽으라면 일단 고니시 유키나가와 가토 기요마사다. 이어서 구로다 나가마사가 3등인데 소개하는 이 사람은 역할에 비해 인지도가 한참 낮다. 노량 해전 당시 일본군 총사령관인 시마즈 요시히로다. 시마즈 가문은 죠슈의 모리 가문과 함께 메이지유신을 도모한 사쓰마의 지배자로 시마즈 요시히로는 15대 당주 시마즈 다카히사의 둘째 아들이다. 그는 2차 진주성 전투에 참가해 열흘간의 전투 끝에 성을 함락시켰으며 칠천량 해전에서는 원균을 격파했다. 조명 연합군이 남쪽의 왜성을 공격할 때는 자신이 수비하고 있던 사천왜성에서 명군을 대파했다. 시마즈 군 약 7천 명, 조명연합군 3만 명이라는 압도적인 전력 차이를 극복하여 도요토미 히데요시로부터 '압도적인 승리'라는 칭찬까지 들었다. 현재로서는 이 인물이 이순신을 죽인 혐의자 1순위다. 일단 해전의 총사령관이었으며 휘하에 수백 명 정예 조총 부대를 거느리고 있었다. 이 시마즈 가문이 좀 독창적이다. 임진전쟁 끝나고 일본에서는 쇼군 쟁탈전인 세키가하라 전투가 벌어진다. 동군은 도쿠가와 세력, 서군은 도요토미 히데요시 지지파였다. 시마즈 요시히로는 서군이었다. 전투는 동군의 승리로 끝났고 시마즈 요시히로는 퇴각을 해야 하는 처지가 된다. 그런데 이 가문은 적에게 등을 보이는 것을 매우 싫어한다. 해서 이들은 동군의 중앙을 뚫고 후퇴하는, 후퇴가 아니라 전퇴라는 기묘한 술책을 구사한다. 대대로 내려오는 이 집안의 전술은 둘이다. 하나는 공세 때의 전략으로 쓰리노부세라고 한다. 일단 전군을 셋으로 나눈다. 그리고 B와 C를 좌우에 매복시킨 후 A가 패퇴하는 척 적을 끌어들이면 그때 B와 C가 양옆에서 덮치는 것이다. 말은 쉽지만 실제 전장에서 실행하려면 쉽지 않다. '척'하고 도망치던 A군이 임무를 망각하고 계속 달아나기 십상이기 때문이다. 다음은 스테가마리다. 퇴각할 때 일부 자살 부대가 최후방에 남아 적을 저지하는 전술이다. 이들이 총포를 쏘며 추격대의 속도를 늦춘 후 총알이 다 떨어지면 적진에 뛰어들어 백병전을 펼친다. 부대를 섬멸한 적이 계속해서 쫓으려 하면 이번에는 2차 자살 부대가 기다리고 있다가 똑같은 패턴으로 추격자들을 저지한다. 이들의 목표는 적장(敵將)이다. 병사 1백 명보다 적장 하나 쓰러지는 것이 훨씬 효율적인 것을 알기 때문이다. 이 퇴각 전술은 주군과 병사와의 무한 신뢰를 전제로 한다. 세키가하라 전투에서 시마즈 군이 퇴각할 때 이들의 초기 병력은 1,500명이었다. 그리고 봉쇄를 뚫고 탈출에 성공했을 때 군사의 수는 100명으로 줄어 있었다. 아마도 이들은 노량에서도 같은 전술을 썼을 것이다. 일본군은 퇴로를 모색하다 관음포로 잘못 찾아 들어갔으며 조명 연합 함대는 관음포 입구에 정렬하여 입구를 봉쇄했다. 포구에 갇힌 일본군 입장에서는 죽기 살기 관음포를 빠져나가는 것 말고는 방법이 없었다. 주군이 퇴각하고 후미의 저항 부대는 적장이 있는 쪽으로 동시에 일제사격을 반복하는 식으로 대장선의 장대를 향해 집중사격을 가했을 것이다. 도망치기 바쁜 와중에 그런 사격을 할 수 있는 집단은 많지 않다. 총사령관, 정예 조총부대 그리고 특유의 퇴각 전술이 이순신의 피탄 혐의로 시마즈 요시히로를 꼽는 이유다. 과하다 생각할지 모르지만 이 정도 추정도 없으면 역사가 너무 재미없어진다. 당시의 한일 문서를 관통하는 연구자들의 분발을 기대한다.

4.

임진전쟁의 후과는 조, 일, 명에 다양하게 나타난다. 일본은 종전 2년 차에 벌어진 세키가하라 전투로 도쿠가와 이에야스에게 권력이 넘어간다. 도요토미 히데요시 당시 일본 열도를 완전히 장악했다고 보기에는 어렵기에 사실상의 일본 통일이었다. 한 가지 재미있는 것은 오늘날 우리가 생각하는 것처럼 '일본은 하나다'라는 생각이 당시의 일본 인민들은 물론 다이묘들에게도 대단히 낯선 개념이었다는 사실이다. 이들에게 익숙한 사고(思考)의 지형은 군웅

할거, 즉 '일본은 하나가 아니다'였다. 여러 지역의 강성 다이묘들이 서로를 견제하며 분할되어있는 상태가 지극히 정상적인 상태라고 보았으며 최초로 하나의 일본을 지향한 오다 노부나가는 비상식적이고 이단이었으며 변종이었다. 그리고 도쿠가와는 이 천하포무(天下布武)를 실현한 최초의 인물이 된다. 전쟁이 국토 밖에서 벌어진 탓에 내부적인 손실은 별로 없었다. 오히려 전쟁으로 획득한 조선의 도자기와 도자기를 만드는 기술은 에도 시대 이들이 서양과 교역을 할 수 있는 최고의 상품을 갖게 되는 결과를 발생시킨다.

명나라는 더 재미있다. 1572년 10살의 나이로 즉위한 만력제(신종)를 대신해 정사를 돌본 것은 그의 스승이었던 장거정이다. 바늘 끝 하나 안 들어갈 정도로 깐깐한 인물이었던 장거정은 10년 동안 만력제에게 아침부터 밤까지 공부만 시켰다. 1582년 장거정이 죽고 만력제가 실질적인 통치를 하게 되었을 때 그는 모든 사람들의 기대를 한 몸에 모은 준비된 명군이었다. 그러나 실무를 챙기기 시작한 후 만력제는 충격적인 사실을 알게 된다. 청렴의 절정을 달리던 장거정이 실은 부패의 달인이었던 것이다. 이건 다소 미스터리한 일인데 이때부터 만력제는 사람이 완전히 변했고 환관들에게 정치를 맡겼으며 사치를 취미생활로 승화시켰다. 세수 2년 치를 들여 자신의 호화로운 묘인 지하궁전을 세운 일은 그의 대표작이다. 그것 외에 만력제는 아무 일도 하지 않았다. 조정 업무를 보지 않아 그의 얼굴을 기억하는 사람이 없을 정도로 나랏일에 관심을 끊었다. 고위층 관리들도 만력제의 얼굴을 몇 년에 한 번이나 볼까 말까 정도였다. 그런데 여기서 참 신기한 게 만력제가 조선을 위해서는 과다한 친절을 베풀었다는 사실이다. 선조가 눈물로 호소한 지원군 파병에 만력제는 기꺼이 그리하겠다고 답한다. 게다가 1년 분 이상의 세수를 쏟아부어 명군의 출병을 지원한다. 조선 파병으로 중국 민중들의 불만이 높아졌지만 만력제는 전혀 개의치 않고 지원을 계속해 나갔다. 당시 명군이 조선 땅에 와서 부렸다는 행패를 대단한 것인 양 말하는 경우도 있는데 중세에 그 정도 거드름은 기본이다. 임진전쟁 지원병 파병은 만력제가 30년 즉위 기간 동안 황제로서 했던 유일한 일이었다. 충천북도 화양동에는 그를 기리는 만동묘가 있다. 만동묘 계단은 폭이 좁고 단이 높은데 명나라 황제가 계신 곳을 무엄하게 그냥 걷지 말고 기어서 올라가라는 배려(?)다. 다른 사람은 몰라도 신종에게는 좀 그래도 된다. '어쨌거나' 고마운 인물이다. 젊은 시절 흥선군이 이곳을 참배하려다가 만동묘지기에게 얻어맞았다는 야사는 유명하다.

이제 전쟁터였던 조선을 보자. 왕권의 사정없는 추락이 가장 큰 후과다. 선조는 피난지를 옮길 때마다 도망치지 않겠다고 약속을 했고 번번이 그 약조를 깼다. 종전 후 신하들에게 말발이 먹힐 리가 없었다. 사림은 임진전쟁 시기부터 조정에 진출했고 이후 잠시의 신선함을 보여준 후 당쟁의 주역이 되면서 조선을 말아먹는다. 농경지와 인구의 감소는 심각했다. 세종 때 154만 결이었던 농경지는 30만 결로 줄었고 재정 확보에 빨간불이 들어온다(백성들의 삶이 고달팠다는 건 너무 당연해서 명기하지 않는다). 경복궁이 불탈 때 토지대장인 양안이 소실되면서 조세를 위한 데이터베이스가 모조리 날아가고 이는 적자를 면하기 위한 편법인 공명첩 발부로 이어진다. 공명첩은 이름을 적지 않고 판매하는 신분증명서로 이를 구매하여 신분 세탁을 한 사람들이 늘면서 조선의 신분제는 뿌리부터 흔들리고 조선 후기 양반 비율이 70%까지 올라가는 기원이 된다. 인구는 30%에서 50%가 감소했다. 기록이 다양하고 피폐를 묘사하는 사대부 관료들의 문학적 과장법 때문인데 70%까지 날아갔다는 기록도 있다. 최소를 30%로 잡아도 일단 그 국가는 제대로 작동하기 어렵다. 특히 주로 죽어 나간 것이 노동력을 가진 청장년 세대였기 때문에 타격은 심각했다. 조선 임금의 묘호에서 공(功)이 많은 왕에게는 조(祖)를, 덕이 높은 경우에는 종(宗)을 붙인다. 선조는 붕어 후 선종이었다가 이후 선조로 바뀐다. 처음에는 책임론에서 자유롭지 못했지만 이후 전란을 극복하고 민생 회복에 주력한 것을 높이 산 듯하다. 개인적으로 선조는 그저 다만 불운한 왕이었다. 이후의 영, 정조든 성종이든 재임 기간 전쟁을 겪었으면 절대 현재와 같은 지위를 누리지는 못했을 것이다. 이 점은 인조와 고종도 마찬가지다. 할 수 있는 것이 아무 것도 없는 군주에게 초능력을 발휘하라 요구하는 것은 가혹한 역사적 잣대다.

[전란시대 2]

1.

서울 송파구 잠실동에 가면 대청황제공덕비(大淸皇帝功德碑)가 있다[이칭 삼전도비(三田渡碑)]. 병자전쟁에서 조선을 밟은 숭덕제가 자신의 공덕을 길이 남기기 위해 조선에 요구하여 세워졌다. 앞서 말한 것처럼, 임진전쟁이 끝난 지 29년 만에 정묘전쟁이 터진다. 그리고 9년 후 다시 벌어진 게 병자전쟁이다. 임진전쟁과 병자전쟁, 두 전쟁은 성격이 완전히 다르다. 임진전쟁은 일본 과실 100%였지만 병자전쟁은 조선쪽 과실이 50%가 넘는다. 해서 전혀 다른 각도로 봐야 하는 전쟁이고 광해군에 대한 평가와도 맞물리는 중요한 전쟁이기도 하다. 맞은 기록이니까 이렇게 말하면 기분 나쁘실 분도 있는데 우리가 진 거만 빼면 이보다 흥미진진한 전쟁이 없다. 너무 재미있다. 소제목을 뽑자면 '1636, 홍타이지의 기동전'이다.

로마 군단의 행군 속도는 경이적이다 못해 가학적이다. 평상시에는 5시간에 25㎞, 강행군 때는 7시간에 35㎞인데 맨몸이 아니라 쌀 반 가마니 군장을 갖추고 걷는 게 그렇다. 중요한 건 이걸 매일 반복한다는 거다. '걷는다'라는 표현을 썼지만 실은 뛴다. 달리지 않으면 그 시간에 그 거리 절대 주파 못 한다. 체력 강화만이 목적이 아니었다. 군인이 몸이 편하면 딴생각을 한다. 대체로 반란 모의다. 해서 일과를 마치면 곯아떨어지는 것 말고는 아무 생각이 없게 만드는 것이다. 초강행군은 하루에 60㎞다. 루비콘강을 건넌 율리우스 카이사르가 폼페이우스를 잡아 죽이겠다고 달렸을 때가 이 속도였다. 당시 카이사르의 군단은 로마에서 북쪽으로 320㎞ 떨어진 곳에 있었다. 눈앞에서 폼페이우스를 놓쳤을 때 그 간격은 50㎞로 좁혀져 있었다. 달아난 쪽도 죽기 살기로 달렸을 것이니 정말이지 초인적 행군 속도다. 이 속도는 2차 대전에서 다시 한번 재현된다. 1940년 5월 10일 독일군의 '낫질 작전'이 시작된다. 우리가 흔히 전격전(電擊戰)이라고 부르는 이 기동전은 순식간에 벨기에와 네덜란드의 국경을 허물고 프랑스의 옆구리를 파고들었다. 기분 나쁜 사이렌 소리를 울리며 급강하하는 독일 슈투카 폭격기에 진저리를 치다 보면 어느새 독일 보병이 코앞에 와 있었다. 보름은 걸릴 거라고 예측했던 거리를 독일 보병은 사흘 만에 주파했다. 퍼버틴이라는, 메스암페타민 계열의 마약 덕분이었다. 이들은 퍼버틴을 사탕처럼 씹어 먹으며 사흘 밤낮을 잠도 안 자고 달렸다.

발군(發軍) 열흘 만에 독일군은 320km를 진격해 영국 해협에 도달했다.

병자전쟁에서 청군이 보인 진격 속도는 로마군과 독일군을 압도한다. 청나라 선봉이 의주에 도착한 것은 12월 9일 그리고 한양에 이른 것은 12월 14일이다. 엿새 만에 1186리(里, 465킬로미터)를 주파한 것이다. 6으로 나누면 하루에 77킬로미터다. 이 속도로 달려온 청군은 인조의 강화도 천도를 막고 전쟁의 주도권을 장악한다. 병자전쟁을 알려면 예고편이었던 정묘전쟁을 먼저 살펴야 한다. 인조 5년인 1627년 2월 후금의 3만 병력이 전(前)왕인 광해군의 원수를 갚는다는 이유로(아니, 자기들이 왜?) 강홍립 등 조선인을 길잡이로 삼아 조선을 침공한다. 전쟁이 시작된 지 불과 보름 만에 황해도와 평안도 지역이 후금에게 넘어간다. 도원수 장만이 평양 등지에서 최선을 다했으나 후금군에게 패했고 인조를 포함한 신하들은 강화도로 피신한다. 이때부터 전쟁은 장기전으로 들어가고 후금에 대한 명나라의 공세와 조선에서의 의병 궐기 그리고 소현세자의 분조(分朝) 활동으로 후금은 눈물을 머금고 철병을 결정할 수밖에 없었다. 조선과 화약을 맺고 후금은 철수하지만 이때의 교훈을 홍타이지는 마음에 새겼다. 그래서 새롭게 전술을 짰고 1636년 다시 조선을 침공했으며 그게 개전 6일 동안 벌인 기동전이었다.

영화나 드라마를 보면 청나라 홍타이지가 대군을 이끌고 남하하는 분위기로 병자호란을 묘사한다. 전혀 그렇지 않다. 일단 대군이 아니다. 통용되는 청나라 군사의 숫자는 12만 8천여 명이다. 이 숫자는 1980년대 중반 출간된 '병자호란사(史)'에 처음 등장한다. 놀랍게도, 정말 충격적이게도 이 수치는 아무런 사료적 근거도 없이 저자가 임의로 작성한 것이다. 그렇다면 청군의 숫자는 정확히 어느 정도일까. 자료와 통계 등으로 추산한 청나라 전체 병력수는 3만 4천여 명이다. 여기에 만주어로 쿠틀러라고 부르던 하인들의 숫자까지 더하면 침공군의 숫자는 대략 4만 5천여 명 정도다. 이 숫자의 근거는 책의 끝, 참고 도서에 자세히 나와 있다. 황당한 숫자는 또 있다. 잡혀간 사람이 50만 명이라는 주장이다. 사료상의 근거는 딱 하나다. "포로로 잡혀간 인구가 무려 50여만 명에 달했다"는 최명길의 발언이다. 임진전쟁 7년 동안 잡혀간 조선인 숫자가 5만에서 20만이다. 그런데 불과 두 달을 치른 병자전쟁에서 포로 50만 명이 발생했다고? 조선인이 무슨 올챙이, 미꾸라지도 아니고. 다 좋다. 그렇게 포획(?)했다고 치자. 이 인원을 모조리 청나라 심양까지 끌고 갔다는 얘기인데 70~80일 동안 이 인원을 어떻게 먹여 살렸다는 건지 도무지 이해 불가다. 병자년 당시 청나라는 심각한 흉년이었다. 불가능한 얘기다. 그리고 무엇보다 중요한 것, 당시 청나라의 군사 작전에 50만 명이라는 이 숫자는 절대 부합하지 않는다.

9년 전 전 정묘호란 때의 기억을 홍타이지는 잊지 않았다. 안주와 평양을 점령한 것까지는 일사천리였지만 인조가 잽싸게 강화도로 몽진하면서 일이 꼬이기 시작했다. 단기전은 물 건너가고 장기전으로 전환되자 홍타이지는 계속해서 전쟁을 수행할 수 없었다. 조선군은 죽어라 저항할 것이고 뒤에서는 명나라가 뒤통수를 칠 기회를 노리고 있다. 결국 화의를 맺고 철수할 수밖에 없었던 것이 정묘호란 때의 뼈아픈 기억이다. 홍타이지는 완전히 다른 작전을 구상하게 된다. 당시 조선은 안주와 영변을 방어의 핵심 거점으로 구축했다. 전자는 적이 의주 방면으로 침공할 경우 그리고 후자는 창성으로 침공할 경우 거쳐야 할 길목이다. 이른바 기각지세(掎角之勢)로 이 경우 적이 안주 쪽으로 쳐들어오면 영변이 안주를, 반대로 영변으로 쳐들어오면 안주가 영변을 구원할 수 있다. 양 진에서 침공을 저지하는 동안 조정은 강화도로 파천한다는 것이 조선의 전략이었다. 강화도 파천은 단순한 피난이 아니다. 섬으로 옮기고 나면 바닷길을 통해 임금의 교지를 사방으로 내려보낼 수 있다. 즉, 팔도와 통신 가능 지역인 것이고 전쟁의 장기화와 지구전이 가능해진다. 홍타이지는 조선의 방어 전략을 꿰뚫어 보았다. 이를 분쇄하기 위해 그가 구상한 전략은 '시차(時差) 진군 작전'과 '양로(兩路) 병진'이었다.

시차 진군부터 보자. 12월 9일 300명의 청나라 선봉대가 압록강을 넘는다. 이들의 목표는 전투가 아니라 최대한 빨리 한양에 도착해 인조의 강화도 파천을 막는 것이었다. 압록강에서 안주까지는 450리 거리다. 이들은 이 거리를 이틀 만에 주파했다. 한양에 도착한 것은 12월 14일이었다. 그 기간 동안 조선 조정이 상황을 파악할 수 있는 유일한 단서와 정보는 서울로 보내지는 장계들뿐이었다. 12월 13일 청군이 순안까지 남하했다는 장계가 들어온다. 12월 14일 청군이 봉산을 지났다는 장계가 들어온다. 잠시 후에는 청군이 개성을 지났다는 장계가 들어온다. 장계가 도착하고 또 다음 장계가 조정에 들어오는 동안 조선 조정은 패닉 상태에 빠졌다. 너무 빨랐던 것이다. 서둘러 종묘사직의 신주와 두 대군을 강화도로 보냈지만 인조는 떠날 시간이 없었다. 그럼 청군 300명이 지나는 동안 장계를 올린 사람들은 왜 보고만 있었을까. 추격해서 따라잡는 게 맞다. 그러나 그럴 수가 없었다. 홍타이지가 서로군 병력을 시차를 두고 투입했기 때문이다. 300명의 선봉대가 출발한 다음 홍타이지는 1,000명의 병사를 이어 출발시켰다. 다음에는 역시 시차를 두고 3,000명을 내려보냈다. 다음에는 8,600명을 투입했고 해를 넘기자 또 1,000명, 10,000명 그리고 2,000명을 간격을 두고 출발시켰다. 그러니 이를 감시하는 방어진의 조선 병사들은 그저 보고만 있을 수밖에 없었던 것이다. 지나가서 쫓으려 하면 또 내려오고, 또 내려오고 진군 행렬이 끝없이 이어지는 가운데 조선군은 전투도 해보지 못한 채 완전히 발이 묶였고 무력화될 수밖에 없었다. 시차 투입된 서로군의 한양 도착 날짜는 당연히 제각각이다. 12월 14일, 12월 16일, 12월 29일, 해 넘기고 1월 4일 그리고 1월 10일 모두 5차에 걸쳐 이들은 한양으로의 진군을 마친다.

그러면 창성과 영변의 방어병력은 그 사이 서로군의 침공을 보고만 있었다는 얘기인가. 아니다. 그들 역시 발이 묶이긴 마찬가지였다. 홍타이지는 시차 진군과 함께 '양로 병진'을 구사한다. 서로군과 별도로 창성, 영변 방면으로 동로군을 내려보낸 것이다. 조선의 성들을 무작정 통과한 서로군과 달리 동로군은 제대로 된 전투를 벌이며 진격했다. 이들과 싸우느라 창성, 영변의 병력은 의주, 안주 쪽을 신경 쓸 여력이 없었다. 조선이 사전에 구상했던 기각지세가 완전히 무너진 것이다. 동로군 8,500명이 한양에 도착한 것은 1637년 1월 10일이었다. 시차 진군과 양로 병진으로 조선 조정은 선택할 시간적 여유를 전혀 가질 수 없었다.

이 300명은 대체 누구였을까. 그리고 누가 이들을 지휘했을까. 당연히 초정예병들이다. 전봉(前鋒)이라고 불리던 부대로 청군 중에서도 가장 기동력이 뛰어난 경무장 기병이었다. 중요한 건 인솔자다. 전봉부대의 사령관인 로오사와 하다나라 마푸타가 그 주인공이다. 로오사는 일찍이 슝코르 바투르라는 전쟁영웅 칭호를 받은 인물이다. 마푸타는 사신 자격으로 여러 번 조선을 방문한 적이 있는 관료이자 군인이다. 그러니까 로오사는 병력 통솔, 마푸타는 길 안내로 역할 분담을 한 셈이다. 마푸타는 용골대를 따라 사신으로 올 때마다 조선의 길을 파악하고 외웠다. 그리고 말과 함께 낙타를 대동하고 조선의 산천을 지나며 병참을 연구했다. 낙타는 말에 비해 3배가량 무게의 짐을 더 질 수 있으며(500킬로그램) 수송 수단이 아닌 전투용 탈것으로 쓰일 시 시속 60킬로미터로 달릴 수 있다. 홍타이지가 이 둘에게 내린 명령은 "상인을 가장하여 밤낮없이 달려가 조선의 왕이 사는 왕경(王京)성을 포위하라"였다. 그리고 둘은 홍타이지의 명을 충실히 수행했다.

서로군 선봉대 300명은 인조의 강화도 파천은 막았지만 한양을 봉쇄하기에는 부족한 병력이었고 이들은 인조의 남한산성 입성을 허가하게 된다. 300명 특공대가 조선 기병 80명과 싸우는 동안 인조는 가까스로 궁을 빠져나온다(80명 전원 전사). 그리고 남한산성에서 버티다가 결국 항복을 한다. 인조는 운이 좋았다. 원래 홍타이지는 인조와 조선 각료들을 말려 죽일 생각이었다. 성을 포위하고(남한산성은 공격하기에 아주 까다로운 성이다) 굶주린 이들이 서로 잡아먹을 때까지(은유법이 아니라 직유법이다) 기다릴 생각이었으나 돌발 상황이 발생한다. 청나라 군영에 천연두가 돈 것이다. 만주인들(청나라)은 천연두를 마마(mama)라고 불렀다. 마마는 만리장성 이남에는 익숙한 질병이었다. 그러나 만리장성 이북에서는 16세기 중엽에야 마마에 대한 기록이 등장하기 시작한다. 즉 만주인들에게는 낯선 전염병이었고 유전적으로 천연두에 더 취약했던 것이다. 누르하치 일가에도 여러 명의 마마 사망자가 나왔었다. 마마가 돈다는 보고에 홍타이지는 조급해진다. 조선의 사신이 와도 잘 만나주지 않던 홍타이지는 항복을 보채기 시작한다. 조선 조정에서야 마다할 일이 아니었고 그렇게 삼전도 굴욕으로 전쟁은 끝난다. 날수로 겨우 53일만이었다. 왕이 잡히면 전쟁은 이렇게 허무하게 빨리 끝난다.

2.

중화문명 중심의 질서라는 세계관은 추상적이다. 이 질서를 현실에서 조선에게 각인시켜 준 사건이 임진전쟁이다. 이제 사대는 명분과 논리가 아니라 도덕과 윤리의 문제가 되었다. 이 말은 두 나라 사이에 외교가 사라졌다는 의미다. 명은 이제 충과 효의 대상이 되는 아예 부모의 나라가 된 것이다. 이 상황에서 후금이 일어난 것은 조선에게 비극이었다. 1618년 이래 명은 후금에게 판판이 깨지고 있었다. 1619년 사르후 전투의 패배로 개원(開原, 오늘날 랴오닝성 카이위안)이 무너진 것을 시작으로 1621년에는 요양(遼陽)이, 1622년에는 광녕(廣寧)이 후금에게 넘어갔다. 정치적, 군사적 요충지인 요양과 광녕을 빼앗긴 이후 명은 요하 동쪽 지역의 지배권을 상실했다. 명과 조선을 잇는 육로가 사라진 것이다. 두 나라의 사신들은 이제 평안도 선사포에서 요동반도 연해를 지나 산둥반도의 등주로 이어지는 해로를 이용해야 했다. 이쯤 되면 빨간불이 심하게 들어온 셈이다. 그런데도 조정의 목소리는 통일되어 딱 하나였다. "나라가 망하더라도 후금과는 친선을 맺지 못합니다." 나라가 망하더라도 명나라를 사수하겠다는, 명나라 신료들보다 더 명나라스러운 일이 벌어진 것이다. 실제로 정묘호란 당시 후금의 화친 제안에 대해 조정 관료 대다수는 척화를 주장했다. 합리적이고 객관적인 판단이 설 자리는 없었다. 조선이 단독으로 후금의 침략을 물리칠 가능성은 10%, 명의 군사적 지원 가능성은 20%였다(그냥 낮다는, 상징적인 의미다). 후금의 압도적인 군사력에 밀려 정묘화약을 체결했을 때도 최명길 등 이를 주도한 신료들을 참수하라는 상소가 빗발쳤다. 화약은 체결했지만 책임자는 죽이라는 이 논리는 대체어떻게 가능한 것일까. 한편 조선은 명을 존경하는 동시에 두려워했다. 전쟁이 끝난 1639년 척화파의 중심인물이었던 김상헌은 이런 글을 썼다. 길지만 옮긴다.

"지금 계획을 도모하는 사람들이 생각하기에 예의를 지킬 상황이 아니라고 이야기하니 신 역시 예의에 의거하여 따질 겨를은 없습니다. 그러나 이해로서 논한다 하더라도 힘센 이웃의 한나절 강포함만을 두려워하여 천자의 군대를 두려워하지 않음은 원대한 계책이 아닙니다. 산해관 아래 줄지어 주둔한 군사들과 바다 위 군함에 올라탄 수졸들은 비록 오랑캐를 쓸어내고 요동 땅을 회복하기에는 부족할지는 몰라도 우리나라의 잘못을 벌하기에는 충분합니다. 만약 우리나라 사람들이 호랑이 앞의 창귀가 되었다는 소식을 듣는다면 그 죄를 물으려는 군사가 천둥번개처럼 달려와 배를 띄운 지 하루 만에 황해도와 경기도 일대에 당도할 것이니 두려움의 대상이 오직 심양에만 있다고 말해서는 안 됩니다."

전쟁에서 그렇게 참담하게 패해놓고도, 명나라를 자근자근 밟는 청의 실력을 충분히 보아놓고도 이들은 여전히 명나라의 눈치를 보고 있었던 것이다. 이때도 이 지경이었으니 병자전쟁 이전에는 얼마나 더 명을 두려워하고 있었는지 충분히 짐작할 수 있다. 존경심이든 두려움이든 다 좋다. 슈퍼 파워에 도전하는 후금의 발흥으로 졸지에 '끼인 자'가 되었다는 사실을 확실하게 이해했다면 조선은 뭔가를 해야 했다. 할 일은 너무나 간단하다. 명나라에게 여전히 충성인 '척'하기, 청나라에게 대단히 우호적인 '척'하기 그리고 이 '척'이 들통나거나 곤경에 빠졌을 때를 대비하여 체력 기르기다. 그러나 조선은 하나는 과다하게 한 반면 나머지 둘에는 아예 신경도 쓰지 않았다. 청나라에게 반가운 척과 체력 보강이다. 반가운 척은커녕 적대적인 태도로 일관했다. 체력보강은커녕 운동이라고는 숨쉬기밖에 하지 않았다. 어전 회의에서 인조는 이런 말을 했다. "화친을 맺자고 하면 결사불가이고 그에 대비해 군사를 강화하자고 하면 재정이 없어 불가하다고 하니 대체 나보고 어쩌라는 말이냐."

심지어 정보도 가려서 들었다. 유익한 정보만 접수하고 불편한 정보는 외면하거나 못 들은 척했다. 조선은 강화도에 대한 환상을 가지고 있었다. 어떻게든 피난만 하면 만사형통이라 믿어 의심치 않았다. 병자전쟁 당시 강화도 방어를 책임졌던 김경징은 심지어 이런 말까지 했다. "청군이 날아서 건너오기 전에는 절대로 안전하다." 그러나 조선은 알고 있었다. 1633년 명나라의 공유덕과 경중명이 전함과 수군을 이끌고 후금으로 귀순한 사실을. 이는 후금이 얼마든지 수군을 운용할 수 있고 강화도는 더 이상 안심할 수 있는 요새가 아니라는 것을 의미했다. 실제로 날아올 필요 전혀 없이 청나라 수군은 손쉽게 강화도를 함락해 미리 피신한 왕족들과 신료들을 모조리 포로로 사로잡았다. 아무것도 하지 않았다. 그저 모든 것을 자신에게 유리하게만 해석하면서 요행을 바랐다. 그래서 임진전쟁과 달리 우리 과실이 50%인 전쟁이라고 말한 것이다.

3.

살기 위해 항복했지만 시간이 흐르면서 기원은 사라지고 기억만 남는다. 애초부터 신하들이 세운 왕이었던 인조의 권위는 병자 전쟁 이후 완전히 추락한다. 오랑캐 추장에게 항복한 왕이 왕처럼 보이지 않는 것이다. 게다가 명을 사대하지 않았다는 이유로 광해군을 끌어내린 인조다. "임금은 종묘사직과 함께 죽어야 한다는 이야기로써 지난날을 비꼬는 자가 있다." 주화파 최명길이 통탄한 것처럼 조정에 나가지 않는 것을 고상하게 여기는 풍토가 유행했고 기존 신료들 중에는 사직서를 내는 사람까지 있었다. 사직과 함께 죽지 않고 오랑캐에게 무릎을 꿇고 머리를 조아린 임금의 조정에서 벼슬하는 것을 수치로 여겼던 것이다. 다른 말로 하면 인조를 더 이상 존경의 대상인 군주로 보지 않는다는 얘기였다. 인조가 의지할 데라고는 아이러니하게도 청나라밖에 없었다. 그는 최명길 등 주화파 신료들을 중용해 친청 노선을 강화했고 청의 요구를 들어주는데 인색함이 없었다. 이런 인조의 행동은 심양으로 끌려갔다 돌아온 소현세자 내외를 대할 때 완전히 표변하여 신료들을 당혹스럽게 한다. 소현세자는 1644년 청나라가 북경으로 진입할 때 동행하여 동아시아 질서가 바뀌는 것을 직접 목격했으며 청이 북경으로 천도를 결정하자 이때도 북경에 함께 들어가 신흥 제국의 탄생을 실감했다. 더 이상 소현세자를 인질로 잡고 있을 이유가 없어진 청은 소현세자를 영구 귀국시킨다. 돌아온 소현세자는 아비에게 청의 실상을 있는 그대로 알린다. 독일 출신 선교사 아담 샬에게서 들은 최신 과학 문명은 조선에 전할 수 있는 최고의 정보였다. 그러나 청이 오랑캐가 아니라 제국이라는 소현세자의 말에 인조는 매우 '청'스럽다고 생각하여 역정을 낸다. 심양으로 끌려갈 때 닭의 똥 같은 눈물을 흘리던 아비는 없고 그저 정적을 바라보듯 하는 인조의 차가운 눈길에 소현세자는 절망한다. 귀국하지 얼마 되지 않아 소현세자는 병으로 누웠고 사흘 만에 세상을 떠난다. 시신에는 독살의 흔적이 흥건했다. 인조는 며느리인 강씨마저 사사하여 화근을 완전히 제거한다. 청나라에서 강씨는 장사를 잘하기로 유명했다. 이문을 남겨 그 돈으로 잡혀온 조선인들의 몸값을 내주기도 했다. 장사를 잘하는 왕비, 얼마나 멋진가. 서구 과학과 근대화의 맛을 보고 온 소현세자가 즉위했으면 그는 조선의 박정희가 되었을 것이다. 1905년의 수모도 없었을지도 모른다. 가정(假定)은 없다지만 내 일처럼 아쉽다.

전란의 상처가 아무는 데는 얼마나 걸렸을까. 대략 100년이 걸렸다. 1644년 명나라가 멸망했다는 소식에 조선 성리학 사대부들은 엄청난 충격을 받는다. 그렇다고 명나라보다 더 명나라스러웠던 이들이 좌절할 리 없다. 이들은 계속해서 사라진 명의 숭정 연호를 사용했으며(심지어 임금에게 올리는 상소에도 숭정을 쓰는 인간이 있었다) 청의 숭덕을 무시했다. 오랑캐의 운세는 백 년을 가지 못한다 확신했고 열등한 오랑캐가 우월한 중화를 지배하는 것 자체가 외람되고 비정상적인 것으로 보았다. 또 다시 정신승리다. '동몽선습'을 지은 박세무는 그 책에 이런 글을 남겨놓았다.

"오랑캐 원이 송나라를 멸망시키고 천하를 통일한지 100년이 이르렀으니 오랑캐가 이토록 융성했던 적은 일찍이 없었다. 그러나 하늘이 더러운 덕을 혐오하여 위대한 명나라가 중천에 솟아올랐다. 성스럽고 신령한 후손들이 계승하여 천만 년 동안 이어질 것이다."

이걸 천자문 갓 뗀 학동들이 읽고 외웠다. 유년 시절부터 머리에 각인된 이 정서는 성인이 되어서도 그대로 유지되었고 이런 걸 교육이랍시고 받은 사대부들은 길어봤자 100년도 가지 못하는 오랑캐가 조선과 명을 무너뜨린 이 비정상적이고 천리(天理)를 역행한 상황이 조만간 바로잡힐 것으로 확신했다. 그러나 시간이 지나면서 청나라에 대한 반발과 저항은 관념의 영역으로 후퇴했고 여기에 치명타를 날린 안석경의 글이 전후 100년 만에 등장한다. 길지만 재미있어 옮긴다.

"천하를 소유한 자는 모두 천자(天子)이자 천하의 주인이다. 이는 중화로부터 일어나기도 하고 오랑캐로부터 일어나기도 하는데 모두 하늘이 부여한 것이다. 명나라가 진실로 하늘이 부여한 것이라면 청나라라고 하늘이 부여한 것이 아니겠는가. 그게 아니라면

100년 동안이나 어찌 능히 완전무결할 수 있겠는가. 소중화(小中華)를 칭하지만 조선은 동이(東夷)라는 오랑캐 이름을 가지고 있다. 오랑캐로서 오랑캐 출신 황제를 섬기는 것이 무슨 해로움이 있겠는가. 또한 명나라는 조선에게 가혹했지만 청은 관대하여 공물을 줄여주었으니 진실로 오랫동안 길러준 은혜가 있는 것이다. 정묘와 병자를 이것으로써 잊어버릴 수 있다."

오랑캐가 오랑캐를 섬기는 것이 뭐 이상한 일이며 게다가 그 오랑캐는 관대하다는 이 선언으로 드디어 북학파가 출생 신고를 했고 백성과 나라를 이롭게 할 수만 있다면 치자(治者)는 그 법이 비록 오랑캐에게 나왔다 하더라도 배워야 한다는 논리가 일부 확신범들에 의해 전파되기 시작한다. 그러나 성리학도들의 반격은 절대 만만치 않았으니 이들은 척화파라는 이름으로 똘똘 뭉치기 시작한다.

4.

병자전쟁 당시 인조는 이마를 몇 번이나 조아렸을까. 김훈 원작의 병자전쟁을 다룬 영화를 본 사람들은 삼배구고두례(三拜九叩頭禮)를 떠올리고 아홉 번이라 대답하실지 모르겠는데 실은 그보다 더 많다(생각과 달리 이 의식은 특별히 모멸적인 것이 아니며 청나라에서 신하들이 황제에게 올리는 평상적인 예에 불과). 영화를 보면 인조가 항례 의식장인 삼전도로 나왔을 때 수항단(受降壇) 꼭대기에는 홍타이지가 거드름을 피며 앉아 있다. 전혀 아니다. 홍타이지는 수항단 밑에서 인조를 기다리고 있다가 먼저 둘이 배천(拜天) 의식을 행한다. 이 배천 의식은 홍타이지가 심양에서 조선으로 출발할 때도 당자(堂子)에 나아가 했던 것으로 당자는 까치를 신성시하는 만주족 샤머니즘 신앙의 상징물인 동시에 하늘을 경외하는 유목민족 특유의 탱그리(하늘) 숭배가 결합된 것이다. 역시 3배9고두다. 둘이 배천을 한 후에야 홍타이지가 수항단에 오르고 인조에게 3배9고두례를 받는다. 그럼 총 18번? 아니다. 또 있다. 항복 의식이 끝나면 잔치를 열어 (항복하는 입장에서는 달가울 게 없지만) 활쏘기를 하는 등 한참을 즐기다가 홍타이지가 인조에게 선물을 내준다. 초구(貂裘)라고 하는 담비 가죽으로 만든 갖옷이다. 인조가 초구를 입고 홍타이지에게 감사의 뜻을 전하며 절을 하는데 이때는 2배6고두다. 하여 총 24회가 인조가 머리를 조아린 횟수다. 정확히는 하나가 더 있다. 홍타이지가 심양으로 돌아갈 때 인조는 이를 전송하며 또 절을 한다. 이때는 3배9고두다. 이것까지 계산하면 모두 33회가 된다. 좀 많이 하긴 했다. 하는 사람이나 보는 조선 신료들이나 이가 갈릴 만도 하다.

  항복 예식을 행하는 자리에서 청나라는 자신들의 승리를 기록

한 비석을 세울 것을 요구한다. 자신의 굴욕을 상징하는 비석을 세운다는 것에 인조는 당연히 내켜하지 않았지만 거부할 실력이 있는 것도 아니다. 문제는 비문의 내용이다. 자랑스러운 승전비도 아니고 조선에서는 그 누구도 비문을 작성하려 하지 않았고 청나라에 내용을 내려주십사 요청했지만 직접 쓰라는 차가운 답만 돌아온다. 결국 후보로 글 좀 쓴다는 넷이 물망에 올랐는데 네 명 모두 갑자기 글이 기억이 나지 않는다는 등 의학적으로 미스터리한 증세를 집단으로 호소하는가 하면 자신의 문장이 채택되지 않도록 일부로 조잡한 글을 써내는 식의 난항이 이어진다. 우여곡절 끝에 글이 완성되고 1640년 1월 비석 앞면에 이를 만주글자와 몽골글자를 새기는 과정을 거친 후 4월 마침내 비가 세워진다. 3년 2개월이 걸린 대공사로 위치는 홍타이지가 앉았던 그 자리였다. 영원히 굴욕을 씻지 못하게 대못을 박은 것이다.

대청황제공덕비는 1963년 1월 21일 대한민국의 사적 제101호로 지정되었다. 맞은 기록이지만 교훈으로 삼자, 뭐 이런 이유였겠다. 의문이 생긴다. 그럼 중앙청은 왜 날려버린 건데? 딴 데로 옮겨서 보전해도 되지 않나? 근대 대표 건축물이라는 측면에서 함부로 허물 수 있는 만만한 건축물로 아니고 6·25전쟁 당시 9·28 서울 수복 후 태극기를 달며 조국의 소중함을 되새긴 역사적인 건물인데? 중국에게 맞은 것은 교훈이라 사적(史蹟)이고 일본에게 맞은 것은 치욕이라 적폐인가? 하여간 일관성이 없다. 일재 잔재 청산, 민족정기 세우기라는 명분으로 중앙청 폭파를 지시한 김영삼도 참 대단한 인물이고.

키워드 넷
·
당쟁

1.

훈구와 사림이라는 조선 전기 정치세력부터 이야기를 해보자. 둘의 시발점은 같다. 고려 말에 안향이 성리학을 들여왔고 이 신사조(新思潮)는 순식간에 신진사대부들을 매료시킨다. 그러나 현실에서 이 신진사대부들은 둘로 갈라진다. 하나는 고쳐 쓰자, 다른 하나는 갈아엎자며 치고받더니 갈아엎자 세력이 기어이 조선을 건국한다(정도전 일당). 고쳐 쓰자던 쪽은 고쳐 써야 할 대상이 사라졌으므로 입을 닫고 뿔뿔이 낙향한다(정몽주, 길재 잔당). 갈아엎은 세력을 공로를 많이 세웠다는 의미로 훈구(勳舊)라고 부르고 낙향한 세력을 사림(士林)이라 부른다. 시간이 흐르면서 훈구는 부패하기 시작한다(노력해서 부패하는 거 아니고 모든 것은 자연 부패한다). 훈구는 땅과 벼슬을 독점했고 그걸 자식들에게 물려줬으며 그러기 위해 자기들끼리 뭉쳐 거대한 네트워크를 형성했다. 여기에 왕실의 외척까지 합류하면서 기득권 집단은 더욱 단단해진다. 조선 건국 100년이 지나 사림(士林)은 김종직을 필두로 슬금슬금 중앙정계에 진출하기 시작한다. 이들의 눈에 세상은 온통 썩은 시궁창이었고 악의 근원은 훈구세력이었다. 사림의 등장으로 훈구의 태평세월에 빨간불이 들어온다. 매사 이거 잘못됐다 저거 틀려먹었다 지적을 해대니 훈구로서는 거의 노이로제 직전이다. 게다가 자신의 정치적 입지를 강화하기 위해 왕까지 은근히 사림을 비호하니 훈구 입장에서는 더 이상 팔짱 끼고 볼 일이 아니었다. 그렇게 훈구와 사림이 각기 '박멸'과 '타도'를 외치며 격돌했고 역사는 그것을 사림들이 화를 입었다고 해서 사화(士禍)라고 부른다. 처음에는 훈구의 우세였다. 열심히 죽이고 중앙정계에서 내쫓았지만 100년 동안 불어난 사림은 이 탄압을 머릿수와 성리학이라는 통일된 이념으로 돌파한다. 그리고 결국 훈구를 몰아내고 정권을 장악하니 이게 선조 때의 일이다.

그렇다면 훈구는 처음부터 끝까지 매사 전부가 악의 축이었을까. 그렇지가 않다. 훈구의 성리학은 느슨했다. 성리학을 기본으로 하긴 했지만 노장 등 다른 유파에서도 뭐 빼먹을 게 없나 관심을 가졌고 불교도 완전히 버리지 않았다. 사림의 성리학은 독단 그 자체였다. 성리학 외의 모든 학문, 사고를 분쇄해야 할 적으로 보았다. 느슨했던 탓에 훈구는 단군의 제사도 지냈다. 사림은 오로지

기자에게만 충성했다. 이들에게 단군은 위정척사에서 사(邪)에 해당하는 척결의 대상이었다. 과학기술은 둘의 차이가 가장 많이 갈린 부분이다. 훈구는 과학과 기술의 중요함을 알았다. 사림은 다 필요 없고 다만 농업이면 족했다. 기득권이자 부패했다는 것 말고 사림이 훈구보다 나았다는 그 어떤 장점도 발견하기 힘들다. 훈구의 몰락과 함께 조선의 과학기술 문명은 끝났거나 혹은 길고 오래 정체된다. 그렇다면 사림은 훈구가 사라진 무주공산에서 그 즉시 자신들이 주장하던 덕의 정치를 실현했을까. 아니었다. 집권의 다음 수순은 분열이었다. 이들은 갈라지고 쪼개졌으며 서로를 못 잡아먹어 안달이었다. 붕당과 당쟁의 시대가 열린 것이다.

시작은 이조전랑(吏曹銓郎) 자리였다. 이조(吏曹)는 문관의 선임, 공훈 관리, 각종 사정(査定), 관리의 인사고과 등을 담당하는 부서로 중앙행정 기구 6조 중 으뜸이다. 그리고 이조에서도 정랑(정5품)과 좌랑(정6품)을 합쳐 일컫는 이조전랑 자리는 정치적인 야망이 있는 관료라면 누구나 욕심내는 선망의 대상이었다. 각 부서 당하관(堂下官)의 천거, 사헌부, 사간원, 홍문관 등 삼사 요직의 선발[통청권(通淸權)이라고 한다] 등 여러 특권을 가지고 있었는데 인사에 관해서는 판서나 참판도 이조 전랑이 올린 결정 사항을 결재나 하는 정도였다. 가문의 영광이요 대형사고만 안 치면 공경(公卿, 3정승과 6판서)으로 가는 확실한 지름길이었다. 먼저 삼사에 대해 간단히 살펴보자.

사헌부는 관리의 탄핵, 일반 범죄에 대한 검찰권 그리고 일종의 인사청문회인 서경권(署經權)을 가지고 있었다. 사간원은 지금으로 치면 언론이다. 사극을 보면 "아니 되옵니다~"를 목 놓아 외치는 관리들이 등장한다. 이걸 간쟁이라고 부르는데 사간원이 주로 하는 일이었다. 왕과 정치의 잘못을 지적하는 것이 주요 업무였지만 제도상으로는 사헌부 권한에 속하는 탄핵권까지 가지고 있었다. 지금으로 치면 언론이 수사권과 기소권까지 가진 셈이었다. 홍문관은 궁중의 경서(經書)와 사적(史籍)의 관리 그리고 왕의 공부를 돕고 왕의 각종 자문에 응하던 부서다. 왕의 정치적 판단과 결정에 의견을 낸다는 점에서는 같지만 홍문관은 왕이 물을 때만 답을 했기에 더욱 더 솔직하게 의견을 제시할 수 있었다. 별거 아닌 거 같지만 차이는 크다. 사간원은 아니 되는 이유에 대해 자발적으로 나서서 발언을 했으므로 나중에 문제가 생기면 그 발언에 책임을 져야 한다. 반면 홍문관은 "임금이 물었으니 답을 했을 뿐"하면 그만이었다. 기회가 왔을 때 왕의 잘못을 더 '세게' 건드려도 되었다는 말씀이다. 이조전랑은 이 홍문관 출신들 중에서 나왔다.

오늘날의 언론, 검찰 그리고 감사원에 해당하는 이 무시무시한 삼사 관리들에 대한 인사권을 가지고 있었으니 이조전랑이 꽤 높은 자리라고 생각하기 쉽다. 그런데 현대 공무원 조직으로 치면 이조전랑은 놀랍게도 '겨우' 과장급이었다. 왜 이런 엄청난 권한을 중간 관리에게 몰아주었을까. 재상이나 판서에게 삼사의 임명권을 줄 경우 이들이 자기 사람을 심어 국정을 농단할 위험이 있었기 때문이다. 더 나아가 이들의 임명권자는 왕이 아니었다. 왕이 임명권을 가지면 그 자리에 앉은 사람은 결국 임금 눈치를 보게 된다. 여기에서 인사를 나름 공정하고 정직하게 하려던 조선의 특별한 시스템이 작동하는데 바로 이조전랑이었다는 말씀이다. 그럼 이조전랑은 누가 추천하는가. 바로 현직 이조전랑이다. 이조전랑은 물러나면서 다음 사람을 직접 추천했는데 이걸 '자천권(自薦權)' 혹은 자대권이라고 한다. 이 자천을 두고 갈등이 불거진 게 선조 7년인 1574년의 일이다.

2.

1574년, 오건(吳健)이 자리를 옮기면서 김효원을 자신의 후임으로 추천한다. 그런데 같은 사림 내부에서 반발이 나왔다. 심의겸이라는 인물이다. 그는 김효원이 훈구세력인 윤원형의 식객으로 있었던 사실을 지목하며 발을 걸었다. 정확히 말하자면 김효원은 윤원형의 식객이 아니라 윤원형의 사위인 이조민과 친구였다. 친구 집에서 며칠 기거한 것을 가지고 시비를 거니 김효원이 기분이 좋을 리가 없다. 어쨌거나 자천제의 전통에 따라 김효원이 이조전랑이 된다. 심의겸의 딴죽을 마음속에 담아두고 있었던 김효원은 다음 이조전랑으로 심의겸의 동생인 심충겸이 물망에 오르자 복수를 실현한다. 김효원이 내세운 논리는 이조의 벼슬이 외척의 전유물이어서는 안 된다는 것이었다. 심의겸이 명종의 비인 인순왕후의 동생이라는 사실에 착안해 시비를 건 것이다. 김효원과 심의겸의 분쟁은 급속하게 사림 내부로 번져 나갔다. 젊은 사대부들은 김효원을 지지했다. 중진급 사대부들은 심의겸 쪽이었다. 이렇게 사림은 정권을 잡은 지 얼마 되지 않아 둘로 쪼개졌고 그 갈라진 1575년이 을해년이라 이를 '을해분당'이라고 부른다. 당시 경복궁을 기준으로 김의겸의 집은 동쪽인 건천동(오늘날의 백병원, 이순신 장군 생가 주변)에 있었고 심의겸의 집은 서쪽인 정릉방(오늘날의 서울시의회와 코리아나호텔 주변)에 있었다. 그래서 김효원 패거리들을 동인이라고 부르고 심의겸 일당을 서인이라고 불렀다. 동인과 서인이 단지 지리적인 이유로 이름이 붙은 붕당이었다니 좀 웃긴다(앞 자를 따서 심서정, 김동건으로 외워두면 편하다).

파가 나눠지는 기준은 대개 강경파의 온건파의 대립이었다. 동인과 서인의 분리도 내부적으로 보면 훈구세력에 대한 강경파와 온건파의 입장 차이였다. 김효원을 지지한 젊은 세력은 훈구파라면 치를 떨었다. 심의겸을 지지한 중진 세력은 훈구파와 나름 관계가 좋았다. 율곡 이이는 두 세력을 통합하려고 했지만 이미 물길이 갈라진 강이 합쳐질 리 없었다. 양쪽 모두에게서 적당히 거리를 두고 있었던 이이는 동인의 공격을 받고 졸지에 서인이 된다. 선조는 이이를 총애했다. 해서 잠시 서인의 전성시대. 그러나 줏대가 없던 선조는 이이가 죽자 이리저리 흔들리고 이 빈틈을 동인이 파고든다. 조정에 동인이 늘어났고 서인은 실각의 쓴맛을 본다. 서인이 다시 복귀하는 것은 정여립 사건을 통해서다. 정여립은 원래 서인이었다가 스승이었던 이이가 죽자 동인으로 당적을 바꾼 인물이다. 문제는 이 과정에서 정여립이 이이를 맹렬하게 비난한 것이다. 한때 자신이 아꼈던 이이를 제자라는 인간이 헐뜯자 선조는 정여립을 내친다. 낙향한 정여립은 자숙하기는커녕 고향에서 대동계라는 조직을 만들어 나름 즐겁게 지낸다. 그러나 이 대동계라는 게 당시 기준으로 과격한 사상을 품고 있었고(왕이나 신하나 뭐 다를 게 있느냐 같은) 못난 군주가 세상을 다스리는 게 문제라는 정여립의 발언이 일파만파로 커진 끝에 정여립 모반 사건이 터진다. 사실 따지고 보면 그저 입을 가볍게 놀린 것에 불과했는데 이 찬스를 서인이 놓칠 리 없다. 정여립 모반 사건으로 동인은 무지막지한 피해를 입는다. 이때 동인을 토벌한 게 서인인 송강 정철이다(관동별곡, 사미인곡 등의 시가로 널리 알려진 바로 그 인물). 정철은 1,000명 가까운 선비들을 죽이거나 핍박했는데 이 일로 정철은 동인에게 불구대천의 원수가 된다. 동인이 원수를 갚을 기회가 찾아온다. 선조는 정실부인에게서 아들을 얻지 못했다. 후궁의 자식 중에서 다음 왕이 나와야 하는 상황이었는데 유력 후보는 공빈 김씨의 아들 광해군과 인빈 김씨의 아들 신성군이었다. 선조의 마음은 신성군 쪽으로 기울고 있었다. 이를 알아차린 동인은 정철에게 세자를 정하자는 의견을 올리도록 음모를 짰고 수에 말린 정철은 광해군을 세자로 세우소서 주청을 올렸다가 선조에게 밉보여 조정에서 쫓겨난다. 여기서 두 번째로 파가 갈린다. 정철의 처벌 수위를 놓고 동인이 둘로 갈린 것이다. 귀양 보냈으니 그만하면 됐다는 남인과 무슨 소리냐 이참에 죽여야지 핏대를 올린 북인이다. 남인, 북인 명칭은 어디에서 왔을까. 동인과 서인의 유래처럼 강경파의 우두머리 이산해의 집이 강북에 있어 북인이 되고 온건파의 대장인 유성룡이 강남에 살아 남인이 되었다. 이 시기는 임진전쟁을 목전에 둔 풍전등화의 상황이었다. 도요토미 히데요시를 만나고 온 동인과 서인의 보고서가 완전히 달랐던 것은 널리 알려진 사실이다. 전쟁 중에도 정쟁은 계속 이어졌지만 주제가 당쟁이므로 그 이야기는 건너뛴다.

3.

임진전쟁 이후 광해군을 지지했던 북인이 집권을 하지만 광해군과 몰락과 동시에 북인의 시대는 끝난다. 이제 남은 것은 '전통의 서인'과 북인이 몰락해 홀로 남은 남인이다. 둘의 대결은 재미있고 끔찍하다. 재미있는 이유는 이전 호에서 간단하게 설명했던 이기론(理氣論) 즉, 이(理)와 기(氣)가 다시 등장하기 때문이다. 끔찍한 것은 당쟁의 수준이 귀양이나 보내는 차원이 아니라 상대를 절멸시키는 단계로 진입했기 때문이다. 쿠데타로 광해군을 몰아내고 뒤를 이은 것은 인조다. 인조는 나이 마흔이 넘어 새장가를 들었는데 상대가 무려 29살이나 차이가 나는 당시 14세의 소녀로 왕비 시절 장렬왕후, 나중에 인조가 죽고 나서는 자의대비로 불린 여인이다. 문제는 이 여인이 명목상 아들과 며느리인 효종과 인선왕후보다 어렸다는 사실이다. 자의대비는 아들과 며느리를 저승길에서 앞세웠고 이때마다 대비가 상복을 얼마나 입어야 하는가 하는 문제를 놓고 벌어진 게 이른바 두 차례의 예송논쟁[禮訟論爭]이다. 예송(禮訟)은 예절에 관한 논란이란 뜻]. 효종이 죽고 벌어진 1차 예송 논쟁 때 서인은 1년을 주장했고 남인은 3년을 주장한다. 인선왕후가 죽고 벌어진 2차 예송 논쟁에서는 서인은 9개월, 남인의 입장은 1년이었다.

여기서 문제의 이기론(理氣論)이 나온다. 남인은 임금이 신하와 구별되는 특별한 이(理)를 가졌다고 주장했다. 서인은 임금과 신하의 기(氣)가 다를 뿐 이(理)는 별 차이가 없다고 주장했다. 이기이원론과 이기일원론의 충돌이다. 서인의 이기일원론은 아슬아슬하고 위험하다. 이들의 주장을 확대해보자. 조선의 왕은 조선에서는 왕이지만 중국 황제에게는 신하다. 자기들은 조선 왕의 신하다. 멀리서 보면 조선 왕도 신하고 자기들도 신하다. 해서 왕이나 자기들이

나 다를 게 없다고 보는 것이다. 서인 특유의 교만한 세계관으로(이 해를 돕기 위해 철학적인 부분은 빼고 극단적으로 단순화시킨 것임을 감안해 주세요) 남인들에게 임금은 모시고 따르는 존재지만 서인들에게 임금은 가르치면서 끌고 가야 하는 존재다. 그러나 왕이나 사대부나 별로 다를 것 없다는 이 말을 차마 대놓고 할 수는 없다. 그래서 살짝 톤을 낮춰 맏아들 논쟁으로 이를 순화시킨다. 효종의 정통성을 부인했다는 역공을 맞을 수 있기 때문이다. 여기까지 이해하셨다면 예송 논쟁은 매우 쉽다. 서인이 효종 사망 때 1년 상복을 주장했던 것은 효종이 장자가 아닌 까닭에 왕이었지만 예법 상 그렇게는 대접해 주지 못하겠다는 얘기였다. 그래서 큰아들이 죽었을 때의 3년 상복이 아니라 둘째 아들이 죽었을 경우인 1년을 주장했다. 남인은 반대였다. 첫째인 소현세자가 죽어서 둘째가 왕이 된 것이니 마땅히 왕으로 인정해야 하며 그래서 맏아들에 해당하는 3년을 어머니가 입어야 한다고 했다. 팽팽했던 1차 논쟁에서는 서인이 승리한다. 그러나 지속적으로 남인 유생들의 상소가 올라오는 등 불씨는 완전히 꺼진 것이 아니었다. 이게 재발한 것이 인선왕후가 사망한 뒤 벌어진 2차 예송논쟁으로 1차 예송 이후 15년 만의 일이다.

　2차 예송 논쟁에서 서인은 9개월 상복을 주장했다. 큰 며느리 사망 시 1년이지만 둘째 며느리니 9달만 입으면 된다는, 1차 예송논쟁의 연장선상 논리였다. 남인은 역시 1차 때와 마찬가지로 당연히 1년을 주장한다. 인선왕후를 첫째 며느리로 대접하라는 얘기다. 2차 예송 논쟁의 승리는 남인이었다. 1차 논쟁 당시 10대 후반이었던 현종이 30대의 원숙한 나이로 접어들어 서인과 맞설 수 있게 된 것이 승리의 원동력이었다. 사실 이 문제는 매우 많이 복잡하다. 1차에서 서인의 논리가 먹혔다면 2차에서도 똑같이 처리해야 맞지 않는가. 그러나 이 문제를 길게 다루면 쓰는 사람이나 읽는 사람이나 두통으로 치사할 각오를 해야 한다. 관심 있는 사람은 따로 찾아보시라.

현종의 뒤를 이은 숙종 초반은 2차 예송논쟁의 승자인 남인의 시대였다. 그러나 숙종은 핑계가 있을 때마다 권력을 통째로 갈아치우는 3번의 환국(換局)을 벌인다. 1차 환국에서는 서인이 남인을 몰아낸다. 2차 환국에서는 남인이 장희빈과 결탁하여 권력을 탈환한다. 3차 환국에서는 서인들이 무수리 출신의 최씨(드라마 동이의 주인공이 바로 이 여자다)를 이용해 다시 정권을 잡는다. 환국 때마다 보복의 강도는 높아진다. 상대의 씨를 말려 다시는 정쟁이 없게 만들겠다는 무식한 발상은 2차 예송논쟁부터 시작이다. 당시 논쟁에서 승리한 남인들은 서인을 역적으로까지 몰아가며 피를 뿌렸다. 당파로 나뉘긴 했지만 명문가라는 게 다 혼인으로 얽혀있어 한 다리 건너면 다 아는 처지였다. 해서 이전까지는 중앙정계에서 쫓아내거나 정계은퇴를 시키거나 심할 경우 유배 보내는 것 정도가 승리한 쪽의 판결이었다. 그러나 2차 예송부터는 상대방에게 약을 먹이는 것으로 강도가 높아진다. 공존이 아니라 한쪽이 다른 한쪽을 완전히 배척하는 방향으로 당쟁이 목숨을 건 사투로 바뀐 것이다. 특정 사안의 처리를 놓고 강, 온파의 대립이 파로 갈렸다고 했다. 3차 환국 당시 남인의 우두머리였던 허적과 그 일당을 처리하는 문제로 전통의 서인이 기어이 둘로 갈린다. 강경파인 노론과 적당히 하자는 소론이었다. 승리한 것은 강경파인 노론이었다. 이후 노론은 일당 독주를 이어가며 18세기를 노론의 세상으로 만든다. 노론도 갈라진다. 사도세자 문제를 놓고 가둬서 죽이자는 벽파와 풀어주자는 시파로 나뉜다. 그러나 큰 틀에서 새로 '인'이라고 부를만한 집단이 등장하지는 않았고 이들이 조선 왕조의 마지막까지 권력을 쥐고 흔들다가 망국을 맞는다.

4.

흔히 조선이 망한 이유를 사색당쟁(四色黨爭)에서 찾는다(동인, 서인, 남인, 북인인데 왜 사색이지?). 동의하지 않는다. 당쟁이 없는 정치란 동서고금으로 이제껏 있어 본 적이 없었고 조선의 붕당정치는 그 치열함의 수준으로 보면 그다지 상위권도 아니다. 가령 로마 시대의 붕당정치는 체면이고 논리도 없고 그저 이익과 무력(武力)에 의존하는 무식한 방식이었다. 오히려 붕당정치와 정쟁은 서로를 견제하는 순기능이 있었다. 문제는 이것이 노론 이후부터 일당 독재로 흘러갔으며 그나마 나중에는 몇 개 가문이 권력을 독점하는 세도정치로 굳어졌다는 사실이다. 조선은 붕당이 아니라 독재로 망했고 세도정치로 국세가 기울었으며 결정적으로는 과다한 성리학으로 제대로 된 정세 판단을 하지 못한 채 위정척사 정신에만 매몰되어 결국은 스스로 매몰된 것이다.

사족 두 개 달자. 붕당, 당쟁을 놓고 이조 전랑이 어쩌고 하는 건 공무원 시험에나 나오는 문제지 핵심은 그게 아니다. 구직자는 많고 일자리는 부족한 상황이 사태의 본질이다. 심의겸과 김효원은 비록 나이는 일곱 살밖에 차이가 나지 않지만 '세대'가 다르다(심의겸 1535년 생, 김효원 1542년 생). 윤원형을 견제하기 위해 명종이 등용한 이량을 탄핵으로 날리면서 주목을 받은 게 심의겸이다. 이량은 그의 외삼촌이었다. 집안 어른을 골로 보내면서 강직한 선비 타이틀을 단 심의겸 주변에 사람들이 모이기 시작했고 이후 이 무리들이 대거 관직을 꿰찬다. 이와 무관하게 정계에 진출하기 시작한 게 김효원이다. 그러니까 기성사림인 심의겸과 신진사림인 김효원이 일자리를 놓고 벌인 것이 이조 전랑 사태의 실제인 것이다.

환국에 동반된 숙종의 여인 세 명에 대한 역사적 평가는 거의 확정적이다. 인현왕후는 선한 여인이다. 장희빈은 악질이다. 최숙

빈도 대략 착하다. 이걸 거의 역사적 사실처럼 전제하여 영화나 드라마가 만들어진다. 최종 승자가 서인이라는 것을 생각하면 모든 것이 쉽게 이해된다. 인현왕후는 서인이다. 최숙빈은 인현왕후 몸종으로 역시 서인이다. 그래서 둘은 선하다. 장희빈은 남인이다. 승리한 서인이 남인인 장희빈을 어떻게 역사적으로 다루었는지는 빤하다. 쳐죽일 나쁜 년이다. 덩달아 장희빈의 오빠 장희제도 천하의 잡놈으로 그려진다. 장희제는 동생이 간택을 받기도 전에 무과에 합격해 경호실에서 근무하던 조심스러운 사내였다. 그러나 장희빈과 같이 역사적으로 처단해야 했기에 탐욕에 환장한 파렴치한이 되었다. 장희빈 악녀 신화는 궁궐을 넘어 민간으로 퍼져나간다. 김만중은 '사씨남정기'에서 처첩 갈등을 빙자하여 숙종의 인현왕후 폐출과 장희빈의 중전 책봉을 우회적으로 비난했다. 김만중은 서인이다.

키워드 다섯
송시열

1.

조선왕조실록도 어쨌거나 책이다. 모든 책에는 주인공이 있다. 그럼 조선왕조실록의 주인공은 누구일까. 가장 많이 등장하는 인물을 주인공의 기준으로 할 때 조선왕조실록의 주인공은 단연 송시열이다. 그는 조선왕조실록에서 무려 3천 번 가까이 언급된다. 원문에 2,559회, 국역에 2,847회다(한글 성명 입력의 경우). 중요한 건 살아생전이 아닌 죽어서도 이름이 9백 회 가까이 등장한다는 것이다. 아무리 서인, 노론의 영수였다지만 일개 선비이자 신료가 사후 220년이 지난 고종과 순종실록에도 나온다는 것은 보통 일이 아니다. 이 불가사의한 일이 벌어진 이유는 딱 하나다. 송시열, 그가 바로 조선이었기 때문이다. 송시열은 조선 성리학이 육화된 인물이었으며 그를 빼고는 조선 후기를 설명할 수 없기 때문이다. 선조

때 태어나 4명의 임금을 섬기고 1689년 83세의 나이로 사망한 송시열은 어떤 인물이었을까. 출생부터 죽음까지 그의 행적을 따라가 보자. 미리 말씀드리는데 이 챕터에는 한자가 많이 나온다. 딱히 바꿀 말이 없어서 그런 것이니 모쪼록 혜량(惠諒).

2.

그는 선조 40년인 1607년에 났다. 태몽은 사후 마사지의 흔적이 짙다. 공자가 손수 여러 제자들을 이끌고 아버지인 송갑조의 처가에 왔다고 한다. 송갑조는 능참봉이라는 종9품 벼슬을 한 사람이다. 북인 정권인 광해군 때 생원과 진사를 뽑는 생진(生進)과에 합격한 송갑조는 궁에 들어갔다가 북인 정권과 불편한 사이였던 인목대비에게 홀로 절을 하는 기개를 발휘한 끝에 유적(儒籍)에서 삭제된다. 그리고 서인 정권이 북인 정권을 붕괴시키면서 기특하다는 이유로 얻은 미관말직이 바로 능참봉이었다. 송시열의 평생 유아독존과 좌충우돌 스타일은 아버지의 유전자로 보인다. 아버지는 아들에게 서인의 우두머리인 율곡을 가르쳤다. 율곡을 통해 공자로 나아가는 방식이었지만 나중에 아들은 거꾸로 주자를 통해 율곡을 본다. 송시열에게 주자는 에브리싱(everything)이었다. 그는 주자에서 벗어난 것은 망령이고 군더더기라고 단언했다. 제자들이 학문적, 정치적 반대파였던, 동인과 남인의 종주 퇴계에 대해 묻자 송시열은 둘을 따지지 않으며 주자와 같으면 좋고 주자와 다르면 좋지 않는다고 답변했다. 서인 중에서 오직 그만이 할 수 있는 답변이었다.

송갑조의 슬하를 떠나 송시열이 스승으로 모신 것이 사계 김장생이다. 율곡에서 우계 성혼 그리고 김장생으로 이어지는 에꼴(학통)의 계보에 정식으로 들어간 것이다(중간에 송익필이라는 문제적 인물이 있는데 이야기가 길어지는 까닭에 생략한다). 병자전쟁 3년 전 송시열은 생원시에 급제해 덕종의 경릉(敬陵) 참봉에 임명되었고(종9품) 최명길의 추천으로 임금의 적자인 대군을 가르치는 대군사부가 된다(명예롭기는 하나 역시 종9품). 이 대군이 훗날 효종이 되는 봉림대군이다. 다만 기간은 좀 짧아 6개월이었고 당시 나이 송시열이 28세, 봉림대군이 16세였다. 송시열은 병자전쟁 당시 남한산성에 있었다. 종9품의 말직인 탓에 딱히 발언기회는 없었다. 물론 입장은 척화파. 전쟁이 끝나고 정치적인 기반이 필요했던 인조는 송시열과 그의 문우이자 정치적 파트너였던 송준길을 궁으로 부른다. 둘이 기호(畿湖, 서울·경기·충청) 유림의 계승자였기 때문이다. 송시열은 부름에 응하지 않는다. 그는 은둔정치를 출세의 전략으로 삼았고 몸값을 높이는 기회로 활용한다. 벼슬도 하지 않으면서 벼슬이 오르는 이 전략이 통한 것은 이른바 산림(山林) 정치의 전성시대였기 때문이다. 산림은 조선 후기 관직에 진출하지 않고 은거하면서 자신의 제자나 유학자들을 통해 조정(朝廷)을 주물렀던 배후의 거두들을 부르는 말이다. 송시열은 평생 169회에 걸쳐 관직의 제수를 받았지만 출사한 것은 37회가 전부였다. 좌의정과 우의정에도 세 번이나 이름을 올렸지만 그가 일한 기간은 49일에 불과했다.

청나라에서 귀국한 소현세자는 의문사했고 세자빈인 강씨는 억울사했다(지어낸 말이라 좀 어색하다). 인조 말년 봉림대군이 세자가 되고 강빈이 역모에 사사되는 과정에서 서인은 각자의 입장에 따라 낙당, 원당, 산당 등으로 분화된다. 송시열의 산림인 산당은 세자와 빈의 죽음 뒤에 낙당인 김자점이 있다고 믿었고 강빈의 한을 풀어주자는 신원(伸寃)을 당론으로 삼는다. 명분도 명분이었지만 조직은 원래 반대파와의 투쟁을 통해 단련되는 법이다. 김자점 일당과 각을 세워야 했던 것은 보다 고차원적이고 현실적인 문제였던 것이다. 인조 사망 후 효종이 즉위하자 송시열과 송준길은 출사에 나선다. 효종은 무려 정4품인 장령으로 둘을 대우했지만 송시열은 불과 20여 일만에 벼슬을 던지고 낙향한다. 12년 만의 출사, 그리고 20일 만의 사직이었다. 이유는 효종이 송시열의 면담 요청을 거절했기 때문이다. 효종은 인조의 묘호에 어질 인(仁)자를 쓰고 싶었다. 그러나 김장생 스쿨에서는 이미 인종(仁宗)이 있다는 이유로 이를 반대했고 효종은 인(仁)을 쓰되 종을 조로 바꾸는 편법으로 사태를 돌파하려 한다. 그 과정에서 효종과 김장생 스쿨은 불편한 관계가 되었고 그 학파의 송시열이 자신에게 면담을 요청한 것 역시 그 문제를 재론하려는 것을 알고 있었기에 아예 만남 자체를 거절한 것이었다. 그런다고 벼슬을 던진 당시 나이 42세의 송시열은 그만큼 정치적인 '머리'가 커져 있었다.

마음에 안 든다고 벼슬을 팽개치는 불충을 저질러 놓고도 송시열은 무사했을 뿐 아니라 얼마 안 가 효종으로부터 다시 관직을 제수받는다. 옥당(홍문관)에서 그를 다시 불러들이라 난리를 쳤기 때문이다. 그러나 이번에는 어머니의 병을 핑계로 또 다시 벼슬을 내놓는데 이제 관직 같은 건 그에게 별 의미 없는 것이었기 때문이다. 대신 효종에게 '기축봉사(封事)'라고 하는 타인 열람 불가의 건의사항을 선물로 주고 떠난다. 주요 내용은 주자에 대한 칭송 그리고 주자의 이론에 따른 북벌이다. 마침내 등장한 북벌로 이는 효종에게 평생의 꿈이기도 했다. 둘의 차이는 크다. 효종에게는 청나라 인질 생활 8년에 대한 복수였지만 송시열에게는 조선의 치욕이 문제가 아니라 명나라의 은혜에 보답하지 못하는 것과 주자의 높은 뜻(오랑캐를 무찔러라)을 따르고 행하지 못하는 것이 더 슬픈 일이었다. 명에 대한 그의 충심을 강조하기 위해 송시열의 어록을 하나 옮긴다. "우리나라의 풀 한 포기, 나무 한 그루, 백성들의 머리털 하나라도 명나라 황제의 은덕이 미치지 않은 바가 없다." 효종의 북벌은 기병을 키우고 말 타는 자세를 조선식에서 청나라식으로 바꾸며 총포를 개발하고 화살촉을 무섭게 하는 등 매우 구체적이었다. 양자강 이남의 명나라 잔당이자 청나라에 대한 저항 세력과의 연계도 염두에 둔 외교적인 전략까지 연구했다. 산지가 많은 조선 지형의 특성상 기병을 육성한 것은 전장을 만주와 중원으로 상정했다는 사실을 짐작하게 해준다. 송시열의 북벌은 추상적이었다. 힘을 길러 청나라를 공격하는 게 현실적으로 불가능하다는 것을 그는 알고 있었다. 송시열에게 북벌은 청나라와의 국교를 단절하고 명을 아버지의 나라로 섬기는 의리를 지키는 것이었다. 밉지만 힘이 없어 정벌을 못하는 군사적인 현실을 소중화(小中華)라는 정신승리로 해결한 이야기는 앞에서 설명드린 바 있다.

효종 8년 차 송시열은 또 한 번의 봉사를 올린다. 이른바 정유봉사다. 내용은 효종 8년에 대한 비판으로 북벌보다 양민(養民)에 주력하라는 것과 사대부를 우대하는 왕도를 기르라는 것이 핵심이었다. 이때도 계속해서 인용하는 게 주자다. "주자가 말하기를…". "주자가 이르시기를…". 송시열의 주자 중독은 심각했다. 그는 주자 이후로 한 가지 이치, 한 가지 글자도 밝혀지지 않은 것이 없다며 주자 무오류를 신봉한 끝에 중용을 나름 신선하게 해석했던 윤휴를 사문난적으로 몰아 죽이기도 한다. 정유봉사에서 송시열은 반성하고 공부를 더하라며 효종을 나무라기까지 한다. 그의 머릿속에는 세상을 다스리는 것은 사대부이고 임금은 다만 사대부 중의 제1사대부라는 서인들의 신권(臣權)주의가 각인되어 있었다. 효종 10년 차에 기해독대가 이루어진다. 사관까지 배제한 왕과 신하의 독대는 조선 역사상 몇 번 안 되는 심각하고 특별한 사건이다. 이때의 대화 내용은 송시열의 글에서 찾아볼 수 있다. 효종은 여전히 북벌의 당위성을 주장했다. 송시열은 몸을 닦고 집안을 다스린다는 뜻의 수기형가(修己刑家)를 정유봉사 2절로 읊어댔을 뿐이다. 송시열도 고민은 있었다. 계속 북벌을 반대할 경우 효종이 정치적으로 고립되는 것을 감수하면서 자신을 내칠 수도 있기 때문이다. 다행히 기해독대 두 달 후 효종이 급사하면서 송시열은 위기에서 벗어난다.

효종의 급서로 예송 논쟁이 벌어진다. 서인 그리고 송시열의 논리는 효종이 차자(次子)이기 때문에 자의대비가 1년만 상복을 입으면 된다는 것이었지만 속내는 임금을 제1사대부로 여기는 서인 특유의 오만이었다. 그래서 사대부의 예에 따라 1년만 입으라고 한 것이었고 결과는 1차의 서인 승리, 2차의 남인 승리다. 1차 논쟁에서 송시열이 동원한, 부모가 3년 복을 입지 못하는 네 가지 경우 중 하나인 체이부정(體而不正)은 나중에 송시열의 발목을 잡는다. 체이부정은 현왕의 아버지인 효종을 서자로 표현한 것으로 남인들은 송시열의 서자를 차자가 아닌 첩의 자식을 뜻하는 말이라 우기면서 송시열을 죽음으로 몰고 간다. 서인과 남인의 이 예를 둘러싼

15년 쟁투는 길고 지루하고 슬픈 논쟁이라 생략한다. 정확히 말씀 드리자면 알 필요 전혀 없는 것으로 술자리 잡담거리에도 못 미치는 한심한 말과 논리의 향연이다.

3.

임진, 병자 전쟁을 거치면서 조선의 신분질서는 뿌리부터 흔들린다. 왕은 왕답지 않았고 사대부는 사대부스럽지 못했던 처신이 불러온 결과였다. 여기에 농업 기술의 발달과 상공업의 발전이 가세하면서 위기는 심화된다. 부유한 평민과 가난한 양반은 굳건했던 사농공상의 질서에 들어온 빨간 불이었다. 이때 조선 성리학이 이 신분질서를 사수하기 위해 결사적으로 매달린 게 예학(禮學)이다. 예학, 어렵게 말하면 한없이 어렵지만 쉽게 말하자면 삼강오륜의 재확립이라 봐도 별로 틀리지 않겠다. 송시열이 좋아하는 주자의 리(理)와 기(氣)로 예를 설명해보자. '리'는 보편적인 규범이고 도덕이다. '기'는 현실이자 물질이다. '리'는 형이상학이고 '기'는 형이하학이다. 그리고 인간온 도덕성인 '리'와 육제인 '기'가 합쳐진 존재다. 모든 존재는 하늘이 부여한 인간의 본성인 '리'를 가지고 있기에 원래는 도덕적이고 선하다(성선설). 그럼 나쁜 놈은 왜 있나. 그것은 기(氣) 때문이다. 기에는 좋고 맑은 기와 나쁘고 탁한 기가 있다. 맑은 기는 원래의 '리'를 드러내고 탁한 기는 원래의 '리'를 흐리게 한다. 이때 탁한 기가 장악한 인간이 나쁜 놈이다. 전체 비중에서 맑음과 탁함의 비율이 탁한 쪽으로 기울수록 나쁜 놈이 되는 것이다. 주자학의 말장난은 여기서 한 발 더 나간다. 주자는 악이 실체가 아니라고 말한다. 주자가 말하는 악이란 '기'에 의해 흐려져 '리'가 발휘되지 못하는 상태다. 만날 마음 수행을 하라는 얘기는 이래서 나온 거다. 맑은 기를 가진 게 사회적 상층부로 즉, 양반 사대부다. 탁한 기를 통제하지 못해 하늘이 부여한 '리'를 엉망으로 만든 게 사회적 하층부다. 중인, 평민, 천민으로 내려갈수록 탁도(濁度)가 높아지며 이게 신분질서의 철학적 토대다. 여기에는 단계마다 각각의 한계가 있다. 평민과 천민은 노력해도 상승불가다. 탁한 '기'가 너무 성하여 구조적으로 불가능하다고 본다. 사대부 안에도 벽은 있었다. 가령 서자는 과거를 못 본다. '기'가 적자보다 탁하기 때문이다. 이런 걸 조선시대 성리학 패거리들은 '질서'라고 불렀고 '예(禮)'라고 칭했다. 송시열은 신분질서가 흔들리는 상황에서 주자의 권위를 빌려 이를 방어하려 했고 결사적으로 사대부의 기득권을 수호했다. 시대착오에 반동적이었고 국익보다 당익 그리고 서인과 노론의 이익을 더 중시했던 사대부 만세주의자가 송시열이었다.

4.

현종의 뒤를 이어 숙종이 열넷에 즉위한다. 열여덟에 즉위한 현종보다도 네 살이나 어렸다. 이 어린아이에게 조선 성리학의 왕이, 닳고 닳은 논쟁의 도사인 송시열이 목숨을 잃게 될 줄은 누구도 상상하지 못했을 것이다. 그러나 숙종은 만만한 존재가 아니었다. 출신 성분이 좋고(현종과 명성왕후 사이의 외동아들로 신하들이 왕을 바꾸고 싶어도 대안이 없음) 원자와 왕세자 단계를 제대로 밟았으며(성장 과정에서 정쟁의 대안으로 불려나오지 않음) 왕으로서의 재능을 타고난 데다(정쟁을 다루는 측면에서) 외척과 관련된 시비도 거의 없었으니 왕권을 휘두르는 데 주저할 게 하나도 없었다. 정통성에서 완벽하다는 것은 질서를 강조하는 조선에서 신하들 눈치 볼 일이 없다는 얘기이기도 하다. 여기에 타고난 특장점이 하나 더 있었으니 포악한 성격이다. 생모인 명성왕후는 숙종에 대해 이런 말을 했다. "내 배로 낳았지만 그 성질이 아침에 다르고 점심에 다르고 저녁에 다르니 나로서는 감당할 수가 없다."

신하들의 반대에도 불구하고 숙종은 전광석화처럼 장희빈이 낳은 아들을 원자로 봉하고 이를 종묘사직에 고해버린다. 왕조 국가에서 종묘에 고했다는 것은 구청에 가서 출생신고를 한 것과 같다. 되돌릴 수 없는 일이라는 의미인 것이다. 더불어 장옥정을 내명부정1품인 희빈에 책봉했는데 이는 향후 남인의 권력 장악을 의미했다. 이 대목에서 오랜 시간 동안 왕들을 가지고 놀다 보니 스스로를 통제하지 못했던 송시열의 교만은 무리수를 둔다. 이미 수속이 끝난 원자 정호에 이의를 제기한 것인데 이는 숙종의 전투의지에 불을 지른다. 숙종의 분노를 확인한 남인들은 그 즉시 송시열 탄핵에 들어간다. 대사간은 송시열을 두고 자기와 의견이 다른 사람은 반드시 귀양을 보내거나 죽였다고 비판하면서 송시열이 평생 지은 죄는 이루 다 글로 적을 수 없다는 극단적인 상소를 올린다. 남인들의 탄핵 상소가 빗발쳤고 숙종은 어쩔 수 없다는 듯 송시열의 제주도 유배를 전지(傳旨)한다. 두목을 유배 보낼 정도였으니 서인들에 대한 숙청이 얼마나 무자비하게 진행되었는지는 짐작이 가고도 남는다. 그렇게 죽여 놓고도 남인들은 송시열을 죽이지 못하면 다시 세상이 뒤바뀔지도 모른다는 공포에 시달린다. 결국 남인들은 송시열의 목숨을 거두는 쪽으로 총력전을 펼친다. 송시열의 지난 잘못들이 파헤쳐졌고 숙종은 도사를 보내 국문하라는 전교를 내린다. 왕명에 따라 송시열은 제주도에서 한양으로 올라오게 되지만 남인들은 그가 국문을 받는 것조차 부담스러웠다. 자신의 옳음과 탄핵의 부당함을 조목조목 반박하여 짚을 경우 그 정치적 파장을 감당할 수 없었기 때문이다. 이제 논리고 뭐고 없었다. 남인들은 노골적으로 송시열의 목을 요구한다. 죄가 이미 드러났으니 굳이 국문을 할 필요도 없다는 주장이었고 숙종은 남인들의 손을 들어준다. 숙종은 도사에게 보내는 전지를 수정한다. "전지 속의 국문(鞫問) 두 글자를 사사(賜死)로 고치라." 그렇게 송시열은 국문을 받으러 올라오던 중 정읍에서 사약을 받고 죽는다. 1689년 6월 8일의 일로 그의 나이 83세였다. 죄목은 '죄인들의 수괴'였다. 이보다 모호한 죄명도 없을 것이지만 전체적으로 해괴하고 이상한 사형(死刑)이었다. 역모가 아닌데도 대신을 죽인 것은 유래가 없는 일이다. 역모가 아닌 한 사대부에게는 국문도 하지 않던 나라가 조선이다. 국문을 한다 해놓고 불쑥 약을 먹인 것은 상식 밖이었다. 송시열에 대한 남인들의 증오와 불안이 그만큼 깊고 컸다는 반증이다. 송시열의 목숨은 끊었지만 남인들은 그의 이름까지 땅속에 묻지는 못했다. 일단 3차 환국 때 자신들이 갈려나갔으며 이때 권력을 탈환한 서인들은 다시는 조정에 정치 보복이 있어서는 안 된다는 신념으로 남인들을 아예 박멸했고 송시열을 완벽하게 부활시킨다.

영조 31년(1755년) 송시열은 유학자에게는 최대의 영예인 성균관 문묘에 자신이 존경하던 공자, 주지와 힘께 배향되었고 성소 때는 그의 시문집인 '송자대전(宋子大全)' 215권이 국비로 간행된다. 그렇게 소중화를 추구하더니 기어이 조선에도 자(子)가 등장한 것이다. 이이와 이황도 받지 못한 최고의 타이틀이었다. 그러나 이는 서인, 노론들만의 잔치이자 영광이었다. 남인과 소론은 그를 저주했고 증오했고 개 취급했다. 노론에게 송시열은 대(大)학자이자 대(大)정치가였다. 그러나 남인들은 이 대(大)자에 점 하나를 더 찍어 개(犬)로 만들었으며 집에서 기르는 개의 이름을 '시열'이라고 불렀다. 노론계열인 김재구가 쓴 송시열의 최후는 비감하고 웅장하다. "송시열이 직령의(直領衣)를 입은 후 사약을 마시고 죽었다. 전날 밤 흰 기운이 하늘에 뻗치더니 이날 밤 규성(奎星)이 땅에 떨어지고 붉은빛이 우암이 죽은 지붕 위로 뻗쳤다." 규성은 학문을 상징하는 별이다. 조선의 학문이 죽었다는 비유다. 소론 계열의 나량좌가 쓴 글은 분위기가 전혀 다르다. 나량좌에 따르면 송시열은 숙종의 할아버지인 효종과 숙종의 어머니인 명성왕후의 서찰을 빌어 목숨을 구걸했고 계교가 통하지 않자 다리를 뻗고 드러눕는 등 끝내 마시지 않고 사양했으며 결국 약을 든 사람이 손으로 입을 벌리고 약을 부어 죽였다. 참으로 궁색하고 추악한 죽음이다. 두 기록은 조선 후기 실학자인 이긍익의 '연려실기술'에 함께 실려 있다. 이긍익은 판단 대신 두 글을 동시 수록하는 것으로 후대인들에게 무언의 메시지를 보내려 한 것 같다.

1703년 송시열의 유언에 따라 제자들(무려 900명이라고 한다)과 유림들이 충북 괴산에 만동묘를 세운다. 송시열을 모시는 화양동 서원 옆에 만동묘가 들어섰다는 것은 성리학 문화의 정통이 우리나라로 이전되었으며(소중화) 그 정통을 받은 것이 노론이라는 것을 만천하에 공식적으로 선언하는 행위이자 감히 대들지 말라는 경고였다. 그렇게 정도전의 기자로 시작한 조선은 송시열의 주자로 완성됐으며 시대착오적인 성리학을 붙잡고 있다가 나라를 들어먹는다. 구한 말 고종이 "어떻게 하면 병자년의 치욕을 씻을 수 있겠느냐" 물었을 때 국방비서관인 무관(武官) 신정희는 이렇게 대답했다. "성덕(聖德)을 닦으시옵소서." 신정희가 특별히 무능하고 한심해서가 아니다. 그렇게 교육받았기 때문이다. 덕을 닦아 탁한 기를 몰아내고 맑은 기를 함양하는 것이 먼저라고. 마치 송시열이 효종 앞에서 했던 것처럼 그렇게 대답했을 뿐이다. 이 모든 것이 조선 성리학과 송시열의 유산이다. 이제 고종 시대 조선이 얼마나 재미있는 나라였는지 확인해볼 차례다.

키워드 여섯
·
구한말 조선의 실력

1.

박영효는 조선의 마지막 부마(駙馬)다. 열두 살에 세 살 연상의 영혜옹주와 혼인해 금릉위에 봉해졌으나 세 달만에 옹주가 사망하면서 홀아비 신세가 된다(아동 홀아비?). 1882년 스물한 살의 나이로 한성판윤(서울 시장)이 되었고 이 무렵 김옥균과 교류를 시작한다. 임오군란으로 일본 소위가 사망하자 박영효는 유감을 표하는 수신사로 일본에 가게 된다. 이때 김옥균, 서광범 등 이른바 개화당 인물들이 공식, 비공식으로 다수 동행했고 이들은 3개월 간 일본에 머물며 국제 감각을 익힌다. 바로 전해인 1881년, 3차 수신사로 일본에 파견된 조병호의 수행원 중 일부는 수신사 일행이 귀국한 후에도 일본에 남아 군무(軍務)를 익히고 있었다. 신복모와 장대용은 육군 도야마 학교에서 그리고 이은돌은 육군 교도단 소속이었다. 박영효는 이들 세 사람과도 친분을 쌓는다.

1883년 김옥균과 박영효의 주선으로 서재필, 하응선, 이건영 등 14명이 도야마 학교에 떼 지어 입학한다. 이들은 '사관생도'라고 불렸다. 같은 해 4월 박영효는 한성판윤 자리에서 밀려나 광주(廣州) 유수(留守)라는 한직으로 발령을 받는데 남한산성을 수비하는 수어청 장관직인 수어사를 겸하는 자리였다. 박영효는 비록 좌천이나 양병(養兵)을 위한 좋은 기회라고 생각했고 이때 1,000여 명 수어청 병사들의 신식 군사 교육을 담당한 것이 신복모와 이은돌이다. 대규모 군사 훈련이 민씨 척족의 레이더에 안 걸릴 수가 없다. 1883년 10월 박영효는 면직되고 수어청 병사들은 국왕의 친위부대인 전영(前營)과 후영에 나뉘어 편입된다. 신복모는 전영의 교관에 배치되었는데 전영이 친군 4영(전후좌우) 중 핵심이라 상당히 중요한 자리였다. 신복모는 뛰어난 교관이었다. 같은 해 12월 초대 미국 공사 푸트(Lucias Harwood Foote)는 신복모의 교련 훈련을 참관하고 깊은 인상을 받았으며 1884년 3월 한국을 방문한 미군 해군사관과 군의관 역시 신복모의 병사 운용에 감탄할 정도였다. 신복모의 지도로 양성된 이들은 8개월 후 갑신정변에서 4개 군영의 지휘관들을 단번에 몰살시키는 주역이 된다(우영사 민영익은 중상).

1884년 12월 개화당은 갑신정변을 일으킨다. 현장에서 쿠데타

세력의 무력을 담당한 것은 '사관생도'들이었고 이를 지휘한 것은 전영 교관 신복모였다. 신복모는 동생인 신중모 등 전영 소속 엘리트 군사 13명을 데리고 진고개(지금의 충무로)에서 명령을 기다리고 있다가 거사에 합류했다. 정변은 사흘 만에 실패로 돌아가고 이들은 쫓기는 신세가 된다. 선두에서 행동대를 지휘한 신복모는 행방불명되고 하응선, 이건영 등 도야마 학교 후배 7명은 청군에게 몰살당했으며 신중모는 체포되어 혹독한 국문을 받은 뒤 능지처참된다. 신복모도 은신 2년 만에 밀고로 체포되어 1886년 12월 사형당한다. 조선 최초이자 1세대 군인 그룹은 이렇게 갑신정변에 뛰어들었다가 전멸한다. 이는 구한 말 무관들의 입지가 좁아지고 문신들에게 경계의 대상이 되는 결과로 이어진다. 조선은 무(武)와는 참 인연이 없는 나라였다.

2.

1907년 군대 해산 때 무관학교는 살아남는다. 그러나 1909년 7월 이름만 남아있던 군부가 폐지되면서 무관학교 역시 폐쇄의 운명을 맞는다. 한국 정부와 통감부는 합의를 통해 장교 양성을 일본에 위임하기로 했고 폐교 당시 1, 2학년 학생들을 국비로 일본에 유학하도록 조치한다. 전부는 아니었고 소양을 갖춘 학생들 일부를 선발하기로 했는데 소양 시험을 기피하거나 일부러 신체검사에서 탈락해 기회를 발로 차버린 학생들도 있었다. 당시 2학년 재학생 중 18명이 이 시험을 통과했다. 이들이 일본 육사 26기생이 된다. 26명이 소양 시험에 통과한 1학년 학생들은 27기생이 된다. 선발이 끝나자 이들 44명은 일본으로 출발했고 토쿄 중앙유년학교 예과 2학년과 3학년으로 입교한다. 이들의 재학 중 담당 구대장(區隊長)은 아나미 고레치카 중위였다. 그는 1945년 8월 15일 일본이 항복하자 자결한 사람이다(자결 당시는 육군대신). 유학생들의 교육 과정은 일본 학생들과 같았지만 복장은 조금 달라 일본 학생들은 금장(襟章)이 빨간색이었던 반면 조선 학생들은 분홍색이었다. 이들이 입교한 지 두 달이 채 지나지 않아 안중근이 이토 히로부미를 척살한다. 덕분에 유학생들은 일본 교관들로부터 한동안 욕을 먹어야 했다.

1910년 조선이 병합된다. 유학생들은 망연자실해진다. 고국에 돌아가 군을 강하게 만들겠다는 계획은 물거품이 된다. 이제는 일본 제국의 장교가 되어야 하는 것이다. 비분강개한 유학생들은 향후 진로를 놓고 갑론을박을 벌인다. 누구는 모조리 자퇴하고 귀국하자고 했고 누구는 집단 자결하여 분한 마음을 풀자고 했다(그새 일본식으로 물들었나). 그러나 연배가 있는 학생들은 이왕 군사교육을 받으러 온 것이니 배울 것은 다 배우고 가는 것이 옳지 않겠는가며 동료와 후배들을 설득했고 결국 중위가 되는 날 일제히 일본 군복을 벗고 조국 광복을 위해 싸울 것을 결의한다. 이 과정에서 일부 학생들은 무단이탈하여 조국으로 돌아가 버린다.

26기에는 유명한 인물이 둘 있다. 하나는 홍사익이다. 홍사익은 오로지 실력만으로 일본군 중장까지 진급한 인물로 패전 후 포로 학대의 책임을 지고 처형된다. 그의 육사 졸업 성적은 766명 중 22등이었다. 일설에는 그의 처형을 막기 위해 이승만이 백방으로 노력했다고 하는데 이는 주장하는 사람 말고는 어떤 근거도, 아무도 동조하지 않은 일방적인 주장이다. 오히려 일본을 싫어했던 이승만은 당시 한국은행에 근무 중이던 홍사익의 아들을 직장에서 쫓아냈다. 또 한 사람은 이대영이다. 그는 이순신 장군의 후예다.

3.

우범선은 1857년 서울에서 태어났다. 신분은 중인이었고 스무살에 무과에 급제했다. 이후 우범선은 일본군 장교가 교육을 담당했던 별기군의 참령(소령)으로 근무하게 된다. 이 기간 동안 우범선은 김옥균 등과 함께 일본 시찰단의 일원이 되어 일본에 체류하며 선진 군사 문물을 접하게 된다. 우범선은 하급 무사들이 주도한 메이지 유신에 감명을 받았으며 특히 이토 히로부미 등 일본 정부의 많은 요인들이 상류계급 출신이 아니라는 사실에 매료된다. 별기군 훈련소는 세검정 밖에 있었다. 사관생도들은 대부분 양반집 자제들이었고 이들은 하인을 대동한 채 말을 타고 훈련소로 출근했다. 개중에는 담뱃대를 꼬나문 자도 있었는데 이때는 별도의 하인이 따로 수발을 들었다. 생도들은 우범선이 중인이라 하여 '너'라고 불렀다. 명령에 복종하는 군인 정신 따위는 알 바 아니었다. 우범선은 이를 견디지 못했다. 훈련을 다 마친다 해도 참위(소위)에 불과한 이들의 모욕을 참는 것은 쓸개 있는 사내로서 할 일이 아니라는 일장연설을 마치고 우범선은 옷을 벗어 던진다.

민비 시해 사건이 터지기 열하루 전인 9월 27일 우범선은 훈련대 교관이었던 미야모토 소위에게 빠르면 열흘 내에 훈련대가 해산될 것이라는 정보를 흘린다. 훈련대는 일본의 권유로 1895년 1월에 조직된 신식 군대였고 당시 우범선은 훈련대 제2대대장이었다. 이는 일본이 거사일을 확정하는 데 중요한 정보가 된다. 거사 시 조선훈련대를 앞세워 조선인의 쿠데타처럼 보이도록 하는 것이 지침 중 하나였기 때문이다. 10월 8일 새벽 4시 반이 거사일시로 정해진다. 그날 우범선은 연대장 홍계훈에게 보고도 하지 않은 채 야간훈련을 한다며 실탄까지 챙겨 궁궐을 빠져나온 상태였다. 대원군을 앞세운 일행이 한성 부청(현재의 서대문 경찰서)에 도착했을 때 이를 기다리고 있던 것이 우범선의 훈련대 제2대대 병사들이었다. 일본군 수비대, 경찰, 공사관원과 낭인들 그리고 조선인 훈련대로 구성된 다국적 혼성부대가 정동을 거쳐 광화문에 다다른 것은 오전 5시 50분경이었다. 경복궁 정문은 이미 일본 경찰로 구성된 사다리 부대가 담을 넘고 들어간 활짝 열어놓은 상태였고 이때 광화문 경비를 담당하던 조선 순검과 친위대 병사들은 아무런 저항도 하지 않은 채 놀라 달아났다. 조선군 최정예부대의 민망한 민낯이었다. 민비가 저 세상 사람이 된 건 오전 6시 무렵이다. 민비 시해와 관련해 남아있는 우범선에 대한 기록은 시신의 소각을 지시했다는 것과 매장을 지시했다는 두 가지다. 일본 측의 자료인 탓에 시해를 조선인의 행동으로 돌리려는 배려가 작동한 것으로 보인다. 소각 지시까지는 아니더라도 어쨌거나 국모를 시해하는 데 조선인이 앞장섰다는 것은 놀라운 일이다. 그러나 우범선에게 조선은 조국이 아니라 민씨 척족의 나라였다. 신분 차별의 설움과 일본 견문은 그에게 비상식적인 신념을 심어주기에 충분했다.

우범선은 1896년 1월 일본으로 망명했고 1903년 고종이 보낸 자객 고영근에 의해 살해된다. 우범선의 아들인 농학자 우장춘은 씨 없는 수박을 세계 최초로 개발한 것으로 유명하다. 그러나 씨 없는 수박은 일본 교토 대학의 기하라 히토시 교수가 처음으로 만든 것이다. 우장춘은 이를 한국에 소개했을 뿐이고 그는 씨 없는 수박을 자신이 만든 것이라고 말하지는 않았지만 그렇다고 기하라 교수가 개발한 것이라고 말하지도 않았다.

4.

망할 때는 조선이 아니라 대한제국인데 왜 계속 조선으로 표기하는지 궁금하실 분 있겠다. 구분하여 쓰기 귀찮아서 그렇다. 간판은 바꿔 달았지만 왕조가 바뀐 것도 아니고 한국이라는 표현을 쓰면 현재와 헛갈릴 것 같아서이기도 하다.

일본은 1907년 7월 31일 조선군 군대 해산을 감행한다(실제 해산 진행은 8월 9일부터 9월 3일까지). 해산 당시 조선군은 서울의 2개 연대와 지방의 8개 대대 그리고 헌병대와 홍릉수비대 등을 합쳐 대략 9천 명 내외였다. 그러나 왕실과 왕궁 호위를 위한 최소 병력은 있어야 하기에 시위(侍衛) 연대 예하의 보병 1개 대대를 남겨두었는데 이게 1931년 4월 1일 해산할 때까지 빈 대궐을 지킨 '조선보병대'의 전신이다. 초대 대장은 왕유식 부령(중령)이다. 조선에 의해 망한 왕씨가 왕실 경호대장으로 조선의 마지막을 지켜본 것은 아이러니다. 해체 전까지 조선보병대는 몇 번이나 존폐의 위기를 넘긴다. 특히 1925년의 군축은 심각한 위기였다. 다만 당시까지는 순종이 아직 살아있다는 이유로 간신히 존속을 유지할 수 있었다. 이듬해 순종이 죽자 명분은 사라졌고 대공황의 여파로 허리띠를 졸라매던 총독부는 결국 1931년 예산 절감을 이유로 조선보병대를 폐지한다. 해산 당시 조선보병대의 전 병력은 장교 17명을 포함하여 209

명이었다. 이들은 보병대의 나팔 소리와 함께 창덕궁을 향해 마지막 경례를 올렸다. 이들이 메고 있던 총에는 총알이 없었다. 빈총을 메고 왕실을 지킨 참으로 조선다운 군대였다.

2부
기적의 나라

키워드 일곱

·

대한민국 건국

1.

1945년 8월 14일, 일본이 항복했다. 원자탄이 결정타였다. 8월 6일 히로시마피폭 이후에도 버티기로 일관하던 일본은 8월 9일 나가사키가 잿더미로 변한 이후 두 손을 들었다. 당시는 일본 군부가 폭주하던 시절이다. 미국이 항복의 명분을 만들어줘 고맙다는 이야기가 일본 내부에서 나올 정도였다. 사실은, 패전의 책임을 천황이 아니라 군부에 돌릴 수 있다는 점, '정신력이 아니라 과학에서 진 것'이라고 정신승리를 할 수 있었다는 점도 '기꺼이' 항복한 이유 중 하나다.

항복을 연합국에 통보한 다음날이 8월 15일 정오에 쇼와(昭和) 천황이 특별 방송을 했다. 일반인이 천황의 목소리를 들은 건 이때가 사상 처음이다. 천황은 연합국이 내민 포츠담 선언의 수용을 발표했다(원폭 이전엔 거부했었다). 9월 2일에는 일본의 도쿄만 요코하마에 정박 중이던 미국 전함 USS 미주리(BB-63) 선상에서 일본 대표 시게미쓰 마모루 외무대신(윤봉길 의사 홍커우 공원 의거 때 오른쪽 다리부상으로 절단)이 연합국이 내민 항복 문서에 정식으로 서명했다. 제2차 세계대전이 공식적으로 완전히 종결된 순간이다.

하지만, 일본의 패망이 곧바로 한반도의 독립을 의미한 것은 아니었다. 38선 북쪽은 소련이 점령했고, 이남은 미군이 들어왔다. 소련은 8월 11일 대일본 선전포고 후(빨리도 했다!) 한반도 진공 군사작전을 펼쳤다. 치스짜코프(Чистяков И.М.) 대장이 지휘하는 제25군은 태평양함대와 연합작전을 펼쳐 8월 11일에서 20일까지 웅기·나진·청진과 나남을 점령했다. 실제 전투가 있었다. 8월 15일 이후에도 계속 4,000명의 일본군이 항복을 거부하고(몰랐나?) 계속 싸웠다. 8월 21일 상륙부대가 동해안으로 침투, 원산을 점령했고 8월 24일과 25일에는 공수부대가 산업중심지인 함흥과 평양에 투하되어 일본군 수비대의 항복을 받아냈다. 제25군 일부는 일본군과 헌병대·경찰을 무장 해제시키며 남하, 9월 초에는 38선 이북의 전 지역을 점령하였다.

미국은 38도선 분할점령안을 소련에 제시했다. 9월 8일에야 인천에 상륙했으니, 소련보다 근 한 달 늦게 한반도에 다다른 것이다. 작전 부대가 지리적으로 멀리 1,000Km나 떨어진 오키나와에 있었기에 더 빨리 오는 것은 불가능했다. 그동안 소련은 부산까지 밀고 내려올 충분한 물리력이 있었지만 38선에서 멈췄다. 미국의 군사력이 두려웠던 것이다. 다 밀고 내려온 뒤 버티기와 떼쓰기로 일관했다면 미국도 판을 뒤집기는 쉽지 않았을 터이다. 만약 소련이 좀 더 과감했다면 어쩌면 한반도는 이때 전체가 공산화되었을 수도 있겠다.

2.

이후 1948년 8월 15일 정부수립까지 약 3년이 미 군정(美軍政) 기간이다. 미 군정은 자기들 이외에는 어떤 조직이나 개인의 공적 권위를 인정하지 않았다. 이승만, 김구, 임시정부 요인들도 모두 개인자격으로 귀국했다. 이 과정에서 보기보다 큰 피해를 끼친 조직이 있다. 여운형(呂運亨)이 주도한 건국준비위원회(약칭 건준)다. 8월 15일 오전 9시경, 조선 총독부는 소련군의 서울 진주와 한반도 거주 일본인의 안전문제를 두려워했다. 그래서, 총독부를 여운형에게 맡기고 조선 치안 등을 부탁한다. (여운형 이전에 송진우 등, 총독부의 제안을 거절한 인사가 있다.) 여운형은 8월 16일 오전 9시경 정치범들을 모두 석방시키고, 건국준비위원회를 결성한다. 일본으로부터 행정권을 인수받기 위한 조직이라고 했다. 그리고 9월 7일 발전적 해소라는 미명으로 이를 해산한 뒤 기구를 확대 개편한다. 1945년 9월 6일 '인민대표자대회'를 열고, 조선인민공화국을 선포한 것이다. 미국을 비롯한 연합국 입장에서 보면, 이것은 '파렴치한 행위'였다. 연합군은 2차대전 승리를 위해 어마어마한 전사상자(戰死傷者)를 내고 전비(戰費)를 부담했다. 그런데, 일본의 패전에 아무런 기여를 하지 못한 '원주민'들이 '이제부터 여기는 우리 관할이다. 우리가 알아서 할 테니 당신들은 나가라'고 말했다면? 게다가, '행정 및 치안유지에 들어가는 비용 및 인건비는 우리 능력 밖이니 그건 전적으로 당신들이 대라'는 식으로 움직였다면? 우리는 선비요 일본과 미국은 오랑캐라는 인식이 이들의 머릿속에 깔려있었는지도 모르겠다. 무식하면 용감한 것은 동서고금 공통의 현상이다. 그렇다고 건준이 성과를 거둔 것도 아니다. 총독부는 1945년 8월 20일, 소련군이 아니라 미군이 서울에 온다는 걸 뒤늦게 알아챘다. 건준을 주도하던 여운형은 사태를 파악하고 이승만과 김구에게 좌우통합을 제안하였으나 이승만과 김구는 이를 일언지하(一言之下)에 거절했다. 총독부는 건준에 내줬던 행정권을 다시 회수했다. 9월 미군 진주 전까지 당분간 일본경찰이 38선 이남의 치안을 맡은 배경이다.

왜 이 이야기를 하는가? 8·15해방(解放)은 우리 손이 아니라 남의 손으로 이뤄졌다는 사실을 말씀드리기 위해서다. 국제법상으로는 우리는 '패전국의 일부'였을 수도 있다. 대한민국 독립에 있어서, 또 일제를 물리치는 데 있어서 우리는 피를 흘린 적이 거의 없었다. 물론 미국의 작전부대 OSS에 우리 한국 독립운동가가 50명 정도 참가한 사실은 있다. 없는 것보다는 나았겠지만, 50명은 정말로 미미한 숫자다. 당시 전선에 나가있던 일본의 병력은 750만이었다. '7,500,000:50'이다. 750만의 병력을 상대로 50명의 특수부대원이 펼치는 작전을 큰 의미가 있는 군사작전이라고 부를 수는 없다. 게다가, 이 50명도 독립된 부대로서 전쟁에 참전했던 것이 아니다. 8월 하순으로 예정했던 국내 진공작전도 8·14 항복으로 미실현인 채 끝났다. 그러므로 한반도는 연합국이 해방한 나라, 그리고 연합국이 관리 대상으로 삼은 지역일 수밖에 없었다. 그런 상태였기에 임시정부며 구미 대표부 등 요인들이 다 개인 자격으로 귀국해야 했던 것이다. 우리가 만든 단체는, 국내건 국외건 아무런 현실적 규정력이 없었다는 뜻이다. 사정이 그러했으니, 남한 내에 좌우 세력이 함께 해보자고 합의를 한들 무슨 별다른 의미가 있었겠는가.

그런데 이러한 상황과 별개로 활동한 세력이 있다. 박헌영이 주도했던 남로당이다. 그들은 1920년대부터 공산당 설립했고, 국내에서 지하활동을 했다. 여운형은 일제시대인 1944년 여름, 건국동

맹이라는 조직을 전국적으로 운영했다. 실제로 투쟁은 별로 안 했지만. 물론 대표적인 투쟁이 몇 군데 있기는 하다(원산총파업, 소작쟁의 등). 하지만 이승만이나 상해 임시정부가 펼쳤던 투쟁과는 비교 불가다. 대한민국의 독립 또는 국제여론 조성에 어느 쪽이 더 큰 역할을 했는지를 따지면 사실 비교 자체를 할 수 없는 수준이다. 그런데 이들 좌익 세력이 미군정 하에서 조선인 사이의 가장 영향력이 큰 정치세력으로 떠오른다. 미군정청장 하지 중장은 정치와 아시아 문화를 몰랐던 사람이다. 그는 일본에 있던 맥아더 사령부 그리고 미 본토 국무부의 지침을 기계적으로 실행했다. 군인으로서는 훌륭했으나, 3년간 과도기적 정부 역할을 해야 했던 미군정청장으로서는 정치적으로 문제가 있었다고밖에는 할 말이 없다. 하지는 남로당을 합법적으로 인정해 줬다. 당시 미군정청이 정당 등록을 받았을 때 300개가 넘는 정당이 등록, 세계신기록을 세웠을 때 남로당도 당당히 이름을 올렸다. 이것이 왜 문제있는 행동이었나? 북조선의 존재 때문이다.

남쪽에서는 모든 정당을 다 합법적으로 인정하고 활동의 자유도 미국식 기준으로 모두 보장해 줬다. 북에서는 김일성 집단 빼놓고는 다 죽여버렸다. 소련의 하수인인 김일성 집단이 일찌감치 전일적(全一的)으로 북한을 지배하게 된 것이다. 반면에, 남쪽은 일종의 정치적 방임주의 지대였다. 미군정이 모든 정치세력을, 심지어는 공산당조차도 전부 다 인정하고 '너희들끼리 알아서 경쟁해 봐라'라고 했다는 뜻이다. 그 결과, 남쪽 전역에서는 치열한 권력투쟁이 일어날 수밖에 없었다. 이 당시에 '사람을 동원하는 능력' 기준으로 보아 가장 크게 세력을 확장한 세력이 남로당이다. 왜? 어마어마하게 돈이 많았기 때문이다. 그들은 전국적인 조직망을 가지고 있었고, 북한과도 손을 잡고 있었다. 1945년 10월 38선 이북에는 조선공산당 북조선분국이 세워지고, 이북5도행정위원회가 설치되었다. 1946년 2월 북조선임시인민위원회가 성립되었는데 이 위원회의 이름으로 농지를 무상으로 몰수한 토지개혁 등을 한 사실상의 정부였다. 이들은 북한에서 화폐 개혁을 한 뒤, 몰수한 화폐를 가마니째 남으로 보내 혁명 자금으로 썼다. 좌익은 이 돈으로 신문사, 극장 등을 인수해 선전기관으로 활용했던 것이다. 돈도 많고 조직도 탄탄해서 남로당 세력은 미군정 하에서 6:4 내지 7:3 정도의 우위를 확보했다. 북한 빼고, 남한만으로도 그랬다.

두 번째 세력이 여운형이나 김구, 상해임정 같은 사람들이다. 여운형은 중도좌파, 김구 김규식은 중도우파지만 중도적 성향이 강했다. 상해 임정 안에도 좌파들이 꽤 많았다. 일제(日帝)하 최대의 국민운동 조직이었던 신간회(新幹會)의 결성 취지도 좌우합작운동이 아니었던가. 임정 및 중도파에 대한 지지도는 20% 정도였다.

나머지 10%가 이승만의 지지세력이다. 이승만 박사는 1차 세계대전 이전부터 오랜 세월 동안 미국에서 전 세계 정치를 관찰한 사람이다. 자기의 스승인 우드로 윌슨 대통령이 이상주의적인 세계정부로 제안했던 국제연맹(League of Nations)이 어떻게 힘없이 무너지는지도 근거리에서 목격했다. 2차 세계대전이 어떻게 전개되는지, 전쟁 과정에서 겉으로는 연합하지만 속으로는 미국과 소련이 세계 패권을 둘러싸고 얼마나 치열하게 경쟁하고 있는지를 너무나 잘 알았다. 그래서 이승만은 귀국할 때부터 좌우합작은 불가능하다고 봤다. 미국의 전략 때문에도, 소련의 전략 때문에도 성립 불가능한 것이라고 판단했다. 이승만은 우리가 먹히든지 우리가 먹든지 둘 중 하나 밖에는 선택지가 없다고 처음부터 생각했다. '공산주의자는 콜레라균과 같다. 인간이 어떻게 콜레라균과 화해할 수 있느냐'는 이야기를 할 정도였다. 미군정청은 이승만의 이러한 공개적 발언과 행동을 불쾌하게 생각했다. 그들의 입장에선 미소공동위원회도 열고, 가급적이면 평화롭게 사태를 해결하고 싶어서 공산당도 남로당 인정한 것이다. 그런데 미국에서 왔다는 이승만 박사가 자기네 정책과 상충되는 주장을 거듭하니 굉장히 불편했다. 그래서 군정청은 이승만을 가택연금하는 등 활동을 제약했다. 여기에는 엘저 히스를 비롯한 미 국무부 내의 소련 첩자들이 8·15 전부터 이승만을 미워하고 끊임없이 박해하며 견제했다는 속사정이 있다.

미 국무부는 친한(親韓)이 아니었다. 신탁통치안을 소련과 합의한 것도 그렇고, 불과 몇 년 후 애치슨이 '한국은 미국의 방어선 바깥'이라고 선언한 것도 의문투성이다. 이 미스터리엔 배경이 많다. 당시에 미국의 국무부가 동북아시아에 대해서 잘 몰랐고, 그래서 굉장히 순진하게 접근했고, 미 정부 내부의 소련 간첩단이 한반도 상황을 관리하는 실무 책임자로 일했다는 내막이 겹친다. 미군정이 아니라 상위 기관인 미 국무부, 나아가 미국 대통령에게도 당당하게 의견을 개진하던 이승만 박사 입장에서는 미군정을 상대하기가 정말로 갑갑했을 것이다. 그래서 '이대로 가면 도저히 안 되겠다'라고 판단해 던진 승부수가 1946년 6월의 정읍연설이다. 상황을 그대로 두면 진짜 우리가 다 죽겠다고 생각해 던진 건곤일척(乾坤一擲)의 승부수이다. '남북한이 함께 통일국가 만드는 것은 허황된 희망이다. 이건 불가능하다. 현실적으로 유일하게 가능한 방안은 이미 소련군과 김일성 집단이 지배하고 있는 북한을 배제하고, 미군정이 통치하고 있는 남한 지역에서 UN 감시하에 자유선거를 통해 자유민주주의 국가를 수립하는 것이다'라는 선언이다.

일부 극소수 국민은 바로 이 정읍연설 때문에 분단의 책임이 이승만에게 있다고 주장한다. 겉보기에 남한만의 단독정부를 수립하자는 주장을 한 것은 맞다. 하지만 역사적 결과를 보면 이승만이 옳았다. 일단 북에서는 사실상의 정부가 들어선 상태였다. 게다가,

당시에 남한 최대의 정치세력이던 남로당은 종북이었다. 소련과 김일성의 지시에 따라 움직이는 조직이었다. 그러니까 종북 세력은 '아니 저것이 감히 남한 단독으로 정부를 수립하려고 해? 그것도 우리에 저항하는 자유민주 국가를 건국하려고 해? 그렇다면 저건 제거해야지!'라고 생각했다. 정읍연설 이후 이승만 박사는 김일성 집단의 공적 1호가 된 것이다. 아직까지도 주사파가 이승만을 공격하는 이유다.

3.

그렇다면 이승만은 어떻게 이처럼 미군정과 맞설 수 있었는가. 그가 미국 내에서, 그리고 국제적으로 획득한 명망(名望)과 영향력이 대단했기 때문이다. 일부 학자들 가운데는 이승만이 외교적인 노력을 한 것은 인정하지만, 편지 몇 장 쓴 일이 우리 독립에 얼마나 큰 효과가 있었겠느냐고 이승만의 활동을 깎아내린다. 과연 그럴까? 예를 들어보자. 우리는 헤이그 밀사 사건의 주인공 이준 열사를 추모하고 숭앙한다. 이준 열사는 네덜란드 헤이그에서 열린 만국평화회의(1907) 때 문서를 전달하려다 그것이 불가능함을 깨닫고 분사(憤死)한 분이다. 당시 국제기구에 편지 한 장 전하는 것도 그렇게 어려웠다. 국제회의에 참가해 발언을 하는 것은 더 어려웠다. 그런데 이승만 박사는 거의 혼자의 능력으로 전 세계를 다니며 그런 활동을 수십 년간 한 분이다. 편하게 한 것이 아니다. 이승만 박사가 국제회의가 열리는 도시에 나타나면 우선 미국이 회의장 출입을 막았다. 이승만이 전 세계를 누비면서 대한민국이 독립돼야 한다는 것을 역설하고, 타협적인 미국 정부를 계속해서 비판했기 때문이다. 이승만은 그런 제약을 현지에 있는 사람들과 협력해 돌파하고, 언론과 인터뷰하고, 옵저버 자격으로라도 발언권을 얻어 '조선'을 알렸다. 그 자체가 절대 간단한 일이 아니었다. 거의 불가능에 가까운 일을 이승만이었기 때문에 해낸 것이다. '조선은 몰라도, 코리아는 몰라도 이승만은 안다'가 당시 국제 사회의 상식이었다. (70년대에 유행한, '전세계 사람들이 브라질 대통령 이름은 몰라도 펠레는 안다'는 말과 수미쌍관이다.)

미국 사회에서 이승만은 계륵(鷄肋)과 같은 존재였다. 프린스턴 대학 정치학 박사로 우드로 윌슨 대통령의 수제자라니 무시할 수도 없었다. 당시 미국의 대졸자는 전체 인구의 2%, 명문대 박사학위 취득자는 0.02%에 불과하던 시절이다. 영어도 유창해서 이승만을 토론으로 물리치는 것도 불가능했다. 게다가 이승만은, 《일본 내막기(Japan Inside Out)》라는 저서를 써 일본의 미국 침공을 예측하고 미국 지성계에 커다란 충격파를 던진 인물이 아닌가. 상황이 그랬으니, 소련에 우호적인 정책을 입안하던 미 국무부 내의 간첩들에겐 이승만이 얼마나 껄끄러운 존재였겠는가. 미군정도 이승만에 대해 전혀 우호적이지가 않았다. 커다란 골칫덩어리가 하나 왔다고 생각한 결정적 이유가 하나 더 있다. 이승만이 루스벨트, 처칠, 스탈린과 '맞짱'을 떴기 때문이다.

다음은 복거일의 '이승만 오디세이(2023.8~11 조선일보)'와 이승만 전기 《물로 씌여진 이름》에서 따온 내용이다.

1945년 2월 초순, 러시아 크리미아의 얄타에서 열린 미국, 영국 및 러시아의 정상회담이 열렸다. 이 얄타 회담에서 미국 대표단이 귀국한 뒤, 미국 저널리스트 에밀 고브로는 묘한 문서를 입수했다. 얄타 회담에서 세 강대국이 '조선은 일본과의 전쟁이 끝난 뒤까지 소비에트 러시아의 영향 궤도(orbit of influence) 안에 남도록 한다'고 비밀 협약을 맺었다는 문서였다.

고브로는 강대국들이 약소국을 전리품으로 대하는 행태에 분개했다. 그래서 조선의 독립을 위해 애써온 윌리엄스를 찾았다. 두 사람은 먼저 그 문서의 진위를 확인하는 일에 나섰다. 고브로는 탐사보도 기자로 시작해서 타블로이드 편집자로 명성을 얻은 사람이었다. 윌리엄스는 오랫동안 국제 정치를 추적해온 통신사 기자였다. 한 달 가까이 취재한 뒤, 두 사람은 그 문서가 진본이라고 판단했다.

그 문서를 본 이승만도 그들의 판단에 동의했다. 그리고 국제연합(UN) 창립총회가 열린 샌프란시스코에서 기자 회견을 열어 얄타 협정에 조선에 관한 비밀협약이 있었음을 폭로했다. 그의 폭로가 워낙 중대한 사안이었으므로, 신문들이 크게 보도했다. 그러자 이 승만과 함께 미국에서 활동하던 국제정치학자 정한경이 걱정했다. "박사님은 얄타 회담에 참여한 연합국 지도자들을 국제 사회에 고발한 셈입니다. 그러나 박사님은 그러한 고발에 대해 그 사람의 얘기 말고는 아무런 증거도 가지고 있지 않으십니다."

이승만은 무겁게 고개를 끄덕였다. "사실이든 거짓이든, 우리나라가 어떤 위치에 있는가 밝히기 위해 지금 그것을 터뜨릴 필요가 있다고 판단했소. 내가 바라는 것은 얄타 협정에 서명한 국가 수뇌들이 그것을 공식적으로 부인하는 것이오."

한반도의 운명이 강대국들의 비밀 거래로 결정되는 상황에서 발언권 없는 대한민국 임시정부가 최소한의 언질이라도 얻으려면 미국 사회의 관심을 끌어 미국 정부를 압박해야 한다는 얘기였다. 그리고 그는 고브로가 얻은 문서에서 그렇게 할 기회를 본 것이었다. 나아가서 그 기회를, 손으로 잡기 어려울 만큼 위험한 기회를, 머뭇거리지 않고 움켜쥔 것이었다. 그런 통찰과 행동은 민족의 이익을 위해 헌신하면서 자신에게 퍼부어질 억측과 비난과 박해를 두려워하지 않는 인품에서만 나올 수 있다.

그것이 이승만의 위대함이었다. (이 일화에서 카네기의 일화가 떠오른다. 친구에게 5만 달러를 빌려준 지인이 차용증도 받지 못했다며 고민하자 카네기는 '빌려간 돈 10만 달러를 갚아주십시오'라는 편지를 보내라고 충고했다. "제가 빌려준

돈은 5만 달러입니다"라고 하자 카네기가 표정도 바꾸지 않고 대답했다. "당신 친구
가 그 편지를 받으면 '내가 빌린 돈은 5만 달러라네'라는 답장을 보낼 겁니다.")

마침 얄타 회담에 대한 의구심이 커지던 참이어서, 이승만의 폭
로는 미국 사회에서 큰 반향을 얻었다. 영국에서도 처칠이 의회에
서 이승만의 폭로에 관해 해명해야 했다. 일개인 이승만이 세계 최
고의 권력자 셋을 행동에 나설 수밖에 없도록 만든 것이다. 난처해
진 미국 국무부는 '이승만의 폭로는 거짓 소문에 바탕을 두었으며,
카이로 선언에서 천명된 연합국의 조선 정책은 충실히 이행될 것
이다'라고 선언했다. 이승만이 그리도 바라던 미국의 언질이 나온
것이었다.

이런 선언에 따라, 미군은 한반도에 상륙하기로 뒤늦게 결정했
다. 그리고 북위 38도선을 경계로 분할 점령하는 방안을 러시아군
에 제안해서 동의를 얻었다. 그렇게 해서, 남한에 대한민국이 세워
질 바탕이 마련되었다.

이승만의 여러 업적들 가운데 아마도 이것이 가장 중요할 것이
다. 당시 그는 꼭 70세였다. 그래도 그는 역사의 거센 물살 속으로
성큼 들어갔다. 그리고 그 흐름을 바꾸어 놓았다.

복거일의 글은 우리에게 진실의 참모습을 일깨워준다. 이러
한 우여곡절 끝에 대한민국이 건국되었다는 사실 말이다. 이승만
을 공격하는 사람들은 그가 친일파를 중용했다고 비난한다. 친일

파야 북한 관료들이 훨씬 더 많았다. 하지만 선전선동의 귀재들의 집요한 공작으로 이승만 대통령에겐 '친일파를 살려주고 친일파를 등용한 친일파의 거두'라는 이미지가 생겼다. 진실은 팩트 속에 있다.

1948년 8월 15일 대한민국이 건국된다. 이승만 대통령은 취임 이후 행정 능력을 가진 사람들을 모아 정부를 조직해야 했다. 하지만 당시에는 행정 경험이 있는 사람들이 거의 없었다. 조선은 망국 때까지 근대 국가가 아니었다. 이 봉건제 왕조 국가에서 식민지를 거쳐서 근대 국가로 탄생한 것이 대한민국이다. 하지만, 근대 국가에 필요한 관료 조직의 양성은 1948년 당시에는 불가능했다. 일제(日帝) 총독부에서 행정 경험을 한 사람들을 우선 쓸 수밖에 없었다. 일본 이외의 나라에서 유학한 사람이 있기는 있었겠지만, 그야말로 손에 꼽을 정도로 숫자가 적었다. 그래서 대다수는 일본 총독부의 말단 관리라도 했던 사람을 써야했던 것이다. 이 같은 사정은 미국 유학파가 귀국하면서 50년대 후반부터 비로소 조금씩 바뀌기 시작한다.

4.

자, 이제 결론으로 가자. 1945년 당시에 조선은 국제적 존재감이 거의 없었다. 우리의 운명을 논의하는 자리에 발언권이 전혀 없었다. 우리의 의사를 전하고 영향력을 행사할 길도 전무했다. 이것을 이승만이 개인의 신망(信望)을 활용해 뒤집어엎은 것이다. 물론 완전히 뒤집어엎지는 못했다. 뒤집어엎었다면 미군정이 우리에게 자치권(自治權)이라든가, 뭔가 정치적 선물을 줬을 것이다. 그런데 그렇게는 하지 못했다. 그러나, 당시엔 그 정도로 문제제기를 했던 인물도 없었다. 그것이 어떤 의미가 있고 차이가 있는지를 몰랐기 때문이다. 당시에도 통찰력 있는 여러 선각자들이 있었지만, 우리 국민의 일반적 수준, 혹은 정치판의 수준은 '조선이 일본 식민지 일부로 간주되느냐, 아니면 식민지 본국에 끊임없이 투쟁한 그래서 마침내 국권을 회복할 권리가 있는, 그러나 아직 독립은 하지 못한 지역으로 인정되느냐'하는 문제가 얼마나 중요한 차이인지를 알지 못했다. (국제정세에 무지하거나 둔감한 건 사대부 및 그 후손의 특징이다.) 만약 우리가 우리의 정치적 권리를 국제적으로 인정받았다면, 대한민국은 대한민국의 운명을 결정짓고 분단을 결정한 얄타 회담. 포츠담회담(1945) 등에도 적어도 옵저버 자격으로는 참여해 발언할 수 있었을 터이다. 그런 일이 전혀 없었다는 것은 우리가 국제적으로 전혀 인정받지 못했다는 말과 같다. 이승만 박사는 국제정세가 얼마나 우리에게 불리한지, 강대국의 결정으로 얼마나 비극적인 결과가 초래될는지를 알았기 때문에 개인적 위험을 무릅쓰고 끊임없이 문제제기를 했던 것이다. 그의 주장이 오롯이 받아들여지진 않았으나, 문제제기 자체가 없는 상태와 누군가가 문제를 계속 제기해서 사람들이 '아, 이 문제는 대충은 알겠어. 그런 문제가 있는 건 알지만 현실적으로는 이렇게 갈 수밖에 없어'라고 생각하는 것과는 차이가 상당하다. '건국 대통령 이승만'은 그래서 위대하다.

키워드 여덟
•
전란시대 3

1.

6·25와 4·19와 5·16은 우리 민족사의 거대 사건이다. 나라가 존망(存亡)의 위기에 처했다. 모두 극도의 혼란을 불러왔지만, 이 세 사건은 결과적으로 '위장된 축복'이다. 그것도 어마어마한 축복이다. 1,000년이 넘도록 견고하게 작동하던 중세적 신분질서가 짧은 시일 내에 상당 부분 무너졌기 때문이다. 뒤이은 60년대의 공업국가 건설, 70년대의 중화학공업 육성, 80년대의 국제화를 통해 한국 경제가 비약적으로 성장하면서 노예제에 기반한 중세적 신분질서는 이 땅에서 완전히 사라졌다. 법적으로 노예제도는 갑오경장(甲午更張:1894) 때 폐지되었다고 하지만, 6·25 전만해도 상황은 암울했다. 서울 사람들은 '문 안 사람', '문밖 사람', 양반 후손, 중인계급을 따지며 사람을 차별했고, 시골에선 신분에 따라 생활공간

이 달랐으며 나이가 아니라 신분이 존대어 사용을 규정하던 시절이다.

전쟁은 많은 것을 바꿔놓았다. 전쟁이 일어나면 합리주의가 득세한다. 전쟁 초기를 지나면 아군이고 적군이고를 가리지 않고 가장 능력 있는 장군(將軍)이 지휘권을 장악한다. 최종 지휘관의 판단에 따라 병사들의 목숨과 나라의 운명이 왔다갔다 하는 상황에서, 임명권자들도 그리고 병사들도 가장 합리적으로 지휘관을 선택하기 때문이다.

6·25는 1950년 새벽 북의 전면 기습 남침(南侵)으로부터 발발, 1953년 7월 휴전까지 이어진 전란(戰亂)이다. 6·25의 본질은 북이 폭력으로 대한민국을 멸하겠다는 시도였다. 북 공산집단이 대한민국을 폭력으로 뒤엎으려는 시도는 6·25가 처음이 아니었다. 대한민국 정부 수립 전부터 공산 세력은 일관되게 그리고 꾸준히 폭력에 호소했다.

주요한 사건만 일별해 보자. 먼저 1946년 9월 하순에 발생한 좌익 노동조합(전평)의 총파업이 있다. 부산지구 철도노동자의 파업으로 기차가 멈췄고, 출판노조의 파업으로 신문과 잡지가 나오지 않았다. 이 총파업은 평양에서 꾸민 공작이었다. 남한 사회가 차츰 안정되고 공산당의 활동이 어려워지자, 박헌영이 수를 낸 것이다. 미군정에 적대적인 '신전술'로 민심을 혼란에 빠뜨리자! 시티코프는 박헌영의 건의를 받아들여 총파업 계획을 승인하고, 필요한 자금을 남한으로 내려보냈다. (10월 폭동 때도, 4·3 때도 북은 자금을 지원했다. 돈을 얼마나 내려보냈는지를 라디오로 방송하기도 했다. 배달사고 방지 방안?) 좌익의 도발적 총파업에 이승만은 빠르게 대응했다. 총파업의 움직임을 감지하자, 그는 바로 하지 사령관을 만나 대책을 협의했다. 이어 우익 노조인 대한노총의 위원장에 취임하고, 파업에 대해 실질적으로 대응했다. 9월 30일 경찰과 우익 단체 회원들은 서울 철도노동자들의 농성장에 들어가서 그들을 해산시키고 철도의 운행을 재개했다. 그 일을 계기로 총파업의 기세가 꺾였다. 구한말, 데모대의 선두에 서서 조선 왕실을 압박하던 '청년 이승만'의 재림이다.

'9월 총파업'이 실패하자, 시티코프는 박헌영에게 도시 폭동을 일으키라고 지시했다. 막대한 자금을 또 내려보냈다(북에서 화폐개혁후 회수한 돈!). 그 결과가 10월 대구 폭동이다. 박정희의 형 박상희(朴相熙)가 대구 폭동 주동자의 한 사람이다. 부녀자들을 앞세운(40년대 판 '어딜 만져?' 작전?) 폭도들은 대구역 파출소를 포위하고 공격했다. 위협을 느낀 경찰의 발포로 한 사람이 죽자 시위가 격화되었다. 이 모든 책임은 미 군정 당국에 있다! 어디서 많이 듣던 소리다. 이튿날 갑자기 불어난 시위대는 대구경찰서를 점령하고 무기고를 열어 무장한 뒤 경찰관들과 가족들을 살해했다. 의대(醫大) 실습실에서 해부용 시신을 탈취해 사망자로 위장하려는 계획도 있었다. 좌익들이 즐겨 쓰는 수법은 예나 지금이나 별 차이가 없는 것이다. 대구 폭동은 남한 전역으로 빠르게 퍼졌다. 평양의 소련군 사령부의 지휘, 막대한 자금, 공산주의자들의 공명심 등이 겹쳐 폭동은 유난히 격렬했다. 인명 피해가 엄청났고 재산 피해도 막대했다. 12월까지 이어진 이 폭동의 결과가 미 군정청의 각성이다. 소련이 한반도 전역의 공산화를 획책한다는 사실을 뼈저리게 깨달은 것이다. 남한에 자유주의 정권이 한시라도 빨리 서야 한다고 주장한 이승만의 선견지명이 빛난 순간이다.

4·3 역시 대한민국 정부 수립을 반대한 공산주의자들의 폭동이다. 진압 과정에서 억울한 희생자가 많았지만(무고하게 돌아가신 분들의 명복을 빈다), 4·3의 수뇌부가 소련 공산당과 남로당의 직접 지시를 받았다는 것은 움직일 수 없는 역사적 사실이다. 수괴 중 하나인 김달삼은 제주도를 탈출, 해주로 가서 북한의 소위 초대 국회의원에 뽑혔다. 거기서, 자기 입으로 경찰 및 우익 인사들을 살해했다고 말했다. 4·3이 민주화운동일 수 없는 근거다.

1947년 5월에 열린 제2차 미소공동위원회는 양측의 입장 차이만 확인하고 끝났다. 그것은 처음부터 소련이 벌인 정치적 쇼였다. 훗날 미국 정부도 결국 인정한 것처럼, 미국과 소련 사이의 협상은 실패할 수밖에 없었다. 소련의 입장은 일관되게 '한반도 전역의 공산화'였기 때문이다. 그제서야 미국은 상황을 정확하게 파악했다. 그 무렵 미국 정부 내의 간첩들도 마각의 일단이 드러나며 영향력을 잃기 시작했다. 그 결과, 1947년 9월에 조지 마셜 미국 국무장관은 UN에 한국 문제를 총회에서 토의해달라고 요청했다. 11월 UN 제1정치위원회는 한반도 총선거 결의안을 찬성 43표, 반대 0표, 기권 6표로 채택했다. 소련이 주도한 모스크바 삼상회의에서 만들어진 함정에서 빠져나오는데 거진 두 해가 걸린 것이다. 하지만 공산주의자들은 물러서지 않았다. UN 결의로 잃은 것을 전쟁으로 만회하려고 했다. (한참 뒤의 얘기지만, 투표로 잃은 것을 데모로 만회하려는 자들이 있었다.)

1948년 8월 15일 대한민국의 건국 이후, 김일성은 스탈린에게 몇 번이고 간청해 남침 허락을 받았다. 6·25 동란이 일어났을 때, 북한군이 누린 우위는 절대적이었다. 그래서 김일성을 비롯한 북한 지도부는 1주일 안에 승부가 난다고 확신했다. 미국의 개입을 걱정하는 스탈린에게 김일성이 "미군이 조선반도에 상륙하기 전에 남조선을 다 점령할 수 있다"라며 호언장담했을 정도다. 뭘 믿고 그랬을까? 소련이 무상 제공한 중화기, 그리고 중공에서 아예 편성을 끝내고 북한으로 들어온 조선족 3개 사단이다. 그들은 국공내전, 중일전쟁 등 실전 경험이 풍부한 최정예부대였다. 전쟁 초기, 북한군이 보여준 놀라운 전투력의 비밀이 여기에 있다. 북한군은 개전 3일 만에 서울을 점령했다. 문제는, 김일성에게 군사작전 개념이 없었다는 사실이다. 소련이 만들어준 작전계획서에도 헛점이 많았다. 한반도의 지형적 특성을 고려하지 않았다. 팔로군 소속 조선족 병사 5만도 탱크전의 경험이 없었다. '장비의 우세'를 효과적으로 활용하지 못했다는 뜻이다. 김일성은 서울 점령 후 사흘을 허비했다, 정확하게는 27시간이다. 우리 국군 6사단이 춘천에서 분전해 며칠 동안 북한군의 남하를 막은 것이 결정적이다. 한강 남북에서의 협공(挾攻) 가능성을 차단한 것이다. 김일성이 기대한, 공산주의자들의 전국적/자발적 폭동도 일어나지 않았다. 1950년 3월에 공포된 농지개혁법이 결정적이다. '내 땅'을 소유한 농민들은 '대한민국'을 수호했다.

2.

이승만 대통령이 북한의 전면 침공 보고를 받은 것은 6월 25일 10시였다. 이후 엇갈리는 보고들이 올라오는 상황에서도(어떤 정보가 정확한 정보인지 알 도리가 없는 상황!) 그는 침착하고 과감하게 대응했다.

먼저, 존 무초 미국 대사와 상황에 대한 의견을 공유하고 당장 필요한 무기들과 탄약들을 요청했다. 26일 이른 새벽에는 도쿄의 맥아더 원수에게 전화를 걸었다. 새벽 세 시였다. 부관은 맥아더 원수가 자고 있어서 받을 수 없다고 대답했다. 이 대통령은 폭발했다. "좋소. 한국에 있는 미국 시민들이 하나씩 죽어갈 터이니, 원수가 잘 주무시도록 하시오"라고 화를 냈다. 듣기에 따라서는, '미국 시민들을 하나씩 처형하겠다'는 뜻으로도 읽힌다. 일부러 중의법을 쓴 건지도 모른다. 놀란 부관이 맥아더를 깨웠고, 통화가 이뤄졌다. 맥아더는 곧 전투기들을 보내겠다고 약속했다. 미군의 참전도 트루먼 대통령의 결단으로 성사되었다.

이승만 대통령이 서울을 버리고 도망쳤다는 말이 있다. 근거가 전혀 없는 낭설이다. 이 대통령은 상황이 위급해질 때까지 서울에 머물면서 일을 처리했다. 자칫하면 경무대가 피습될 수 있다고 보좌진이 보고한 27일 새벽 3시에 경무대를 떠났다. 북한군 전차 부대가 청량리까지 들어온 시점이었다.

'서울 안전하니 생업에 종사하라'는 방송을 하고, 한강 다리를 끊은 뒤 혼자 피신했다는 것도 근거 없는 거짓말이다. 일단 이 대통령은 그런 방송을 한 적이 없다. 한강교 폭파도 전적으로 군사적 판단에 의한 국군 지휘부의 결정이었다. 대통령은 관여하지 않았다. 이승만이 대전에서 한 방송 연설과 국군의 선무(宣撫)방송이 비슷한 시기에 나왔기에, 대중들의 기억이 뒤섞인 것이다. 이승만은 피난 열차에서 사흘 만에 처음으로 눈을 붙였다. 그가 잠든 동안 열차가 대구에 다다랐는데, 이승만은 깨어나자마자 대전으로 북상하라고 기관사에게 지시했다. 이것은 '도망자'의 모습이 아니다. 피난 자체를 비난하는 사람도 있다. 그럼 전쟁 중에 이승만 대통령이 북에게 포로로 잡혔어야 한다는 말인가?

우리는 향후 역사가 어떻게 진행되었는지를 안다. 전지적(全知的) 후대인의 시점에서 앞선 이들의 행적을 평가하는 것은 후대에 태어난 자들의 오만이다. 앞 장에 이어 다시 복거일의 글을 인용한다.

"이승만이 한 일도 위대하지만, 하지 않은 일도 위대하다. 무엇보다도, 이승만은 북한에 항복하지 않았다. 침공한 북한군은 막강하고 우리는 싸울 힘이 없었다. 어차피 지는 전쟁이라면, 빨리 항복해서 피해를 줄이는 것이 합리적이다. 사실은 항복을 진지하게 고려했다. 6월 25일 밤이었다. 미국의 지원이 확정되지 않은 상황에서, 대한민국의 패전은 시간문제였다. 하지만, 그는 항복 대신 결전을 택했다. 정보가 부족하고 서로 엇갈리는 정보가 올라오는 상황에서도 그는 원칙을 지켰고, 위기를 관리했고, UN군의 참전을 이끌어내 대한민국을 살렸다."

그렇다. 어떤 기준으로 살펴도 이승만은 도망자가 아니다.

성공확률 5,000:1이라는 인천 상륙작전의 성공과 UN군의 북진(1950. 9), 중공군의 참여로 인한 1951년 1·4 후퇴, 이후 UN군의 반격으로 중부전선에서 고착된 전황(戰況), 휴전회담 진행 중 이승만이 목숨을 걸고 결단한 반공포로 석방(1953. 6) 등은 하나하나가 역사의 큰 물줄기지만 이를 다 다루는 일은 이 책의 서술범위를 벗어난다. 그래서 딱 하나, 한미상호방위조약(1953. 10) 이야기만 하고 넘어가자. 한미상호방위조약이 대한민국의 안보와 번영을 결정적으로 담보한 조약이기 때문이다. 소생은 이를 건국(建國)과 더불어 이승만의 2대 업적이라고 평가한다.

다시 복거일의 글이다.

"이승만 대통령이 휴전에 반대하고 한국군 단독으로 북진하겠다고 선언한 뒤로, 미국은 그를 제거하는 계획을 세웠다. 1953년 5월 24일 UN군 최고사령관 마크 클라크 장군이 확정한 '에버레디 작전(Operation Ever-ready)'이다. 작전 계획은 다음과 같다. 하나, 이 대통령을 임시 수도 부산에서 다른 곳으로 유인한다, 둘, 미군이 부산에 진입해 이 대통령에게 충성하는 사람들을 체포한다, 셋, 한국군 참모총장이 정부를 통제하도록 한다. 미 육군 참모총장 콜린스 대장은 이승만의 상호방위조약 요구를 들어주는 것보다는 그를 보호 감금(protective custody) 아래 두는 것이 낫다고 주장했다. 휴전 후 주한미군을 철수하자고도 했다.

국무부 동아시아 담당 차관보 월터 로버트슨이 이의를 제기했다(그는 미 국무부 내 간첩들이 숙청된 이후 실권을 장악한 반공 인사였다). 하나, 우리에겐 한국 정부를 접수할 정당성이 없다. 둘, 이것은 미국을 침략자의 위치에 놓는 것이다. 해군 작전차장 도널드 던컨 제독도 콜린스와 생각이 달랐다. 주한미군 철수는 군사적 문제만이 아니라, 국제정치적 문제라고 했다. 세 해 동안 싸운 한반도에서 갑자기 발을 빼는 것은 공산당에게 잘못된 신호를 주는 일이라고 했다.

이렇듯 급박한 상황이 이어지던 1953년 6월 18일, 이승만 대통령은 반공포로들을 석방했다. 공산 측의 반발로 즉각 휴전회담이 마비되었다. 휴전회담의 마지막 쟁점은 포로 교환 문제였다. 전후 복구에 막대한 인력이 필요한 북한이 특히 절박했다. 그런데 북한군 반공포로들이 여러 수용소에서 풀려나 남한 사회로 숨어버린 것이었다. 미군 대표들에게도 이 점은 심각한 문제였다. 공산군이 억류한 미군 포로들을 돌려받지 못하게 될 가능성이 커졌기 때문이다. 한국전쟁의 조속한 종료를 공약으로 내걸었던 아이젠하워 대통령도 정치적 타격을 입었다."

미국이 고를 수 있는 길은 다음과 같았다. 첫째, 이 대통령을 비난하고 즉각 철군. 이 경우 한국의 패전과 한반도 전체의 공산화는 명약관화(明若觀火)했다. '누가 한국을 잃었는가?(Who lost Korea?)'라는 책임론도 대두할 터였다. 그나마 미군이 한반도에서 안전하게 철수하리라는 보장도 없었다. 한반도의 공산화는 전세계 공산화의 신호탄이 될 수도 있었다.

둘째, 이승만을 제거하는 '에버레디 작전'의 실행. 하지만, 이승만은 당시 국민들의 열렬한 지지를 받고 있었고, 대체 인물도 없었다. 한국 국민과 국군이 미군에 적대적으로 돌아선다면 그 뒷감당은 누가 어떻게 할 것인가. 만약 한미 양군 사이에 군사적 충돌이라도 일어난다면?

아이젠하워 대통령은 에버레디 작전보다는 이승만과의 협상을 택했다. 마침내 7월 12일 양측은 합의에 이르렀다. 한국은 휴전에 반대하지만 방해하지 않기로 약속했고, 미국은 휴전이 성립된 뒤 빠른 시일 내에 한국과 상호방위조약을 맺기로 약속했다. 이런 합의에 따라, 한국군은 휴전 협정 조인에 참가하지 않았다. 8월 4일, 덜레스 미 국무장관이 한미상호방위조약 체결을 위해 서울을 찾았다. 마지막 조율을 거친 뒤(이승만은 끝까지 국익을 챙겼다. 미국의 지원에 의한 한국군의 무장과 유사시 미국의 자동 참전을 요구했고, 이를 기어코 관철했다) 8월 8일 변영태 외무장관과 덜레스 장관이 조약을 가조인했다. 한미상호방위조약은 10월 1일에 워싱턴에서 정식으로 조인되었고 1954년 1월 13일에 발효되었다. 조약의 핵심은 미군을 한반도에 주둔시킨다는 조항이었다. 이 조항에 따라 미군은 지금까지 70년 동안 한국에 주둔하면서 한국을 지켰다. 미국이 체결한 조약 중, 한미상호방위조약만큼 확실하고 확고하게 상대국의 국익을 보장한 사례는 없다. '상호방위' 조약이지만, 한국이 미국을 '방위'하는 일이 그때나 지금이나 앞으로 나올 일은 없을 터이다.

3.

여기서 떠올려야 하는 인물이 있다. 매카시 상원의원이다. 매카시즘의 어원이 된 그 의원 맞다. 그는 북한이 남침하자 "공산주의에 맞서야 한다"며 미국의 참전을 이끌어냈다. 미국 국민에게 공산주의의 위험성 일깨우고, 이승만 우호 여론 조성하는데 일조했다. 그의 주장을 희화화하는 사람이 있지만, 역사는 매카시 의원의 주장이 거의 모두 사실이었음을 증거한다. ('발언을 반박하기 어려우면, 발언자를 인신공격하라'는 건 공산주의자들이 즐겨 쓰는 수법이다.) 그가 폭로한 미국 정부 및 주요 기관의 소련 간첩 명단은 훗날 거의 대부분 진실이었음이 밝혀졌다. 그 중 하나가 미 국무부 극동담당관으로, 독립 전부터 이승만을 오랜 세월 동안 박해했던 앨저 히스다. 복거일에 따르면, 매카시의 비극적 운명에 대해, 소비에트 러시아 첩자들의 실태를 가장 잘 알았을 연방수사국(FBI) 국장 에드거 후버는 간명하게 설명했다, "당신이 어떤 종류든지 나라를 전복하려는 사람들(subversives)을 공격하면, 당신은 나올 수 있는 가장 극단적으로 악랄한 비난의 희생자가 되게 마련이다."

휴전 후 한국 사회는 극적으로 변했다. 신분질서가 실질적으로 거의 없어졌고(양반, 상놈 할 것 없이 거의 모두가 헐벗고 굶주렸다! 진정한 계급 평등!), 새로운 엘리트 집단이 출현했다. 군(軍)이다. 한국군은 국방

경비대 시절부터 미군 관료 행정 체계에 따라 훈련했다. 휴전 후, 군인들이야말로 우리나라에서 가장 근대화된 집단이었다. 1961년 5·16 시점에서 보면, 우리나라에서 근대적 교육을 받고 근대적 행정 시스템을 운영하는 능력과 경험을 갖춘 집단은 군이 유일했다. 전쟁을 통한 실전 및 실무 경험도 풍부했다. 공무원들이 미사여구가 난무하고 무엇이 핵심인지 한 번 보아서는 알 수 없는, 성리학자들의 상소문 비슷한, 미사여구로 가득한 서류를 꾸밀 때, 군 내에서는 차트, 브리핑, 핵심정리 즉각보고가 상식이었다. 명분이 아니라 실천이었다. 군 장교단은 10% 정도가 미국 유학 경험이 있었다. 당시 외무부 관리보다도 해외 경험이 더 많았고, 영어도 훨씬 더 잘했다. 대한민국만 그런 것이 아니다. 식민지로 있다가 2차 세계대전 이후 독립한 신생국에선 군이 거의 유일하게 근대적 국가 시스템과 행정 시스템 운영 능력을 보유한 집단이었다. '군이 나설 수밖에 없는 환경'이 만들어졌다는 뜻이다.

한미동맹 체제하에서 미군과 가장 효율적으로 소통할 수 있었던 집단이 군이었다는 사정도 중요하다. 군은 영어 소통 능력이 우수했고, 미국으로부터 최신 정보를 가장 조직적으로 받아들일 수 있었다. 왜 미국이 우리 정치에서 중요했느냐. 한국 국가 예산의 52%가 미국의 원조였기 때문이다. 미국 의회가 대한(對韓) 원조액을 확정한 뒤 국가 예산을 짤 수 있었기에, 70년대까지 한국의 회계년도는 시작 기준일이 6월 1일이었다. 명목상으로는 독립국이었지만, 보기에 따라서는 그리고 실질적으로는 완전한 독립은 아니었다는 이야기다. 돈이 없어 교사들을 제때 발령내지 못하던 것이 50~60년대의 풍경이었다. 그래도 반민특위 설립자들은(국회의원들이 법을 만들었다) 특위 위원(주로 국회의원들이 담당했다)들에게 장차관급 급여를 지불하라고 했다. 나라 사정은 내 알 바 아니나 그래도 고관대작 대접은 받아야겠다는 현대판 사림파의 의식구조다.

4.

그래서 휴전 후 7년이 지나 발생한 4·19와 그 이듬해 발생한 5·16은 어쩌면 역사의 필연이었는지도 모른다. 5·16의 지도자 박정희는 "민주주의는 절대선(絶大善)이다"라는 신앙에 도전했다. 혁명적 발상의 전환이다. 당시 한국의 지배층과 지식인들의 믿음에 반기(反旗)를 든 것이다. 그는 혁명적 역사관에 입각해, 서구식 민주주의 맹신자들이야말로 위선적 명분론자라고 규정했다. 국민들이 먹고 사는 문제에는 별 관심이 없기에, 그들을 조선시대의 당파싸움 전문가들과 본질적으로 같은 부류라고 본 것이다. 그래서 박정희는 4·19와 5·16혁명을 같은 맥락으로 이해했다. 4·19와 5·16혁명이 '숙명적 가난의 5,000년 역사', '이상주의(理想主義)로 포장한 실현 불가능한 민주주의', '세계 최빈국이라는 경제적 상황'을 타파하기 위한 몸부림이라고 본 것이다. 성리학(性理學) 명분론을 깨뜨리고, 양반층 지배를 혁파하고 '이제 우리는 과연 무엇을 어떻게 해야 하는가?'라는 질문이 4·19였다면, 그 질문에 대한 해답의 첫걸음이 5·16이라고 했다. 그래서 박정희는 5·16이 국가의 부흥을 위한 '민족적 총궐기'라고 봤다.

조갑제의 해석을 인용한다.

4·19와 5·16을 동일선상에 놓는다는 것은 자유당과 민주당을 똑같은 봉건적 수구적 세력, 즉 근대화 혁명의 대상으로 보았다는 뜻이다. 그는 1963년에 펴낸 《국가와 혁명과 나》라는 책에서 이렇게 쓰고 있다. "4·19학생혁명은 표면상의 자유당 정권을 타도했지만, 5·16혁명은 민주당 정권이란 가면을 쓰고 망동하려는 내면상의 자유당 정권을 뒤덮은 것이다."

다수의 국민들과 지식인들이 자유당을 독재, 민주당을 민주 세력으로 보고 있었던 데 대하여 박정희는 그런 형식 논리를 거부하고 그들의 본질인 봉건성을 잡아채어 둘 다 역사 발전의 반동세력이라고 단정했던 것이다.

민주적 절차에 의해 선출된 합헌(合憲) 정권을 무너뜨린 데 대한 죄의식과 변명은 보이지 않았던 이유가 여기에 있다. 박정희는 이러한 혁명적 시각을 자신의 신념으로 내면화하고 있었다. 그렇다고 자유민주주의 자체를 부정한 것은 아니다. 다만, 서구식 민주주의의 강제적 이식과 맹목적 추종을 비판했을 따름이다. 박정희는 잠자던 민족의 에너지를 분출(噴出)시키고 분기(奮起)시켰던 민족사의 영웅이다.

조갑제의 견해는, 6·25동란을 통해 국민들의 인식에 근본적인 변화가 있었기에 4.19, 5·16 그리고 이후의 비약적 경제개발이 가능했다는 해석이다. 한 사회학자는 2000년대의 한국을 '삶은 달걀'에 비유했다. 겉껍질은 과학적 합리주의, 그 안은 성리학이라는 흰자가 있고, 핵심인 노른자 부분에는 샤머니즘이 혼재한다는 주장이다. 사회가 바뀐다는 건 그만큼 쉽지 않다는 이야기일 것이다. 하지만 뒤집어 생각하면 껍데기라도 바뀐 것이 어디인가? 겉보기에라도 합리적 사회처럼 보이는 것이 어디인가? 6·25가 없었다면 우리는 아직도 중세적 사회에 살고 있을지 모른다. 마치 껍데기 없는 삶은 달걀처럼 말이다. 물론 그랬다면 중인과 노비는 평생 달걀한 알 먹는 일이 쉽지 않았겠지만.

키워드 아홉

·

경제개발 -The Greast Story Ever Told

1.

1961년 대한민국의 1인당 국민소득은 82달러였다. 전세계 나라 중 꼴찌에서 두 번째였다. 1971년에는 289달러로 크게 높아졌다. 5·16 이후 투자확대와 수출증대를 바탕으로 1962~1971년 동안 연평균 8.6%의 고도성장을 달성한 결과다. 같은 기간, 경제 규모도 3조 4191억 원(95억 달러)으로 11배 이상 늘어났다. 제조업 비중이 1961년의 14.4%에서 1971년의 21.1%로, 중화학공업의 비율은 1961년 28.6%에서 1971년에는 40.4%로 높아졌다. 산업구조의 고도화기(1972~1978)에서 두 차례의 석유파동으로 위기를 맞이했지만, 다각적인 대응으로 1976년~1978년 동안 대한민국은 연평균 10% 이상의 고도성장을 지속했다. 세계 최고의 압축 성장이다. 1인당 국민총생산은 1977년에 1천 달러를 넘어섰고, 1978

년에는 1,400달러로 늘어났다. 수출도 1971년의 10억 달러에서 1977년에 1백억 달러를 돌파했다. (1964년엔 1억 달러 수출 목표를 달성하고 전국민이 감격했다.) 2023년 1인당 국민총생산은 3만 달러를 넘어섰고 2022년 수출액은 6,880억 달러다.

그렇다. 1960년대의 한국은 지금의 아프리카 최빈국과 별로 다르지 않은 나라였다. 상하수도가 거의 없었고 수세식 화장실이 호화시설이었으며 전국에서 굶는 사람, 굶어 죽는 사람이 끊이지 않았다. '절량농가(絕糧農家)'와 '보릿고개'라는 단어만큼 당시의 상황을 비극적으로, 그리고 집약적으로 보여주는 말도 없다.

1961년 5·16혁명이 일어났다. 군사 쿠데타다. 전 세계 현대사에서 수많은 군사 쿠데타가 있었지만 경제개발을 목표로 쿠데타를 한 것은 5·16 말고는 없다. 5·16은 경제개발과 민주화에 성공한 거의 유일한 경우다. 그렇다고 박정희 대통령에게 모든 성공의 월계관을 씌워줄 수는 없다. 박정희의 성공은 그 앞에 이승만 대통령의 업적이 있었기에 가능했기 때문이다. 이승만 대통령이 자유민주국가를 만들고 70만 대군으로 국군을 증대하고 한미동맹을 체결하고 교육 개혁을 하고, 우리 국민 대다수를 문자를 깨치는 사람으로 만든 바탕 위에서, 또 토지개혁과 농지개혁을 한 바탕이 있었기에 박정희의 근대화가 가능했다는 뜻이다. 말하자면, 성공적인 이어달리기를 한 것이다. 우리 한국 현대사는 지금까지 궤도이탈을 하지 않고 이어달리기를 했다. 중간에서 엉뚱한 길로 가려는 사람이 있었지만, 국민들이 선거를 통해서 집권자를 바꾸고 또 바꿨다.

발전도상 중간에 완전히 엉뚱한 길로 가는 나라도 많다. 예컨대 이란의 경우는 근대화에 나서다가 신정국가(神政國家)로 돌아갔지 않은가. 궤도이탈이다. 반면에 이승만(李承晩), 박정희(朴正熙) 그 뒤의 전두환(全斗煥), 노태우(盧泰愚)는 일관성 있게 나라를 발전시켰다.

김영삼(金泳三), 김대중(金大中) 집권기에 성리학적 명분론이 득세했지만, 그래도 이들은 이승만 박정희가 만든 자유민주주의 시장경제, 중화학공업 육성이라는 경제적 바탕, 한미동맹과 한일우호 관계 유지라는 국제적 공조틀은 깨지 않았다.

5·16 직후 박정희 대통령의 어록을 보자. 군사적으로 북한을 능가하는 것도 필요하지만, 우리가 공산주의를 진정으로 이기려면 농민들이 잘살아야 된다고 했다. 그러면 공산주의는 자연스럽게 이 땅에 발을 붙이지 못할 것이다, 라고 일갈했다. 박정희는 공산주의의 본질에 대해서 "윤리 도덕을 무릅쓰고 폭력으로 인간사회를 개조하려는 '폭력숭배자'다"라는 말도 했다.

이승만, 박정희 두 사람은 우리나라에서 공산주의의 본질을 제일 정확하게 본 사람이다. 동시에 공산주의를 어떻게 하면 잡을 수 있다는 방도까지 갖고 있었다. 박정희는 한때 남로당에 포섭이 되어 활동한 전력이 있다. 그랬기에 공산주의의 본질을 더 정확하게 볼 수 있었을 것이다. 두 사람은 결국 김일성과의 대결, 남북 체제 경쟁에서 한국이 이기도록 만들었다.

박정희 대통령은 공산주의에 대한 근원적인 대책을 알았다. 공산주의와 싸워서 이기려면 제일 중요한 것이 있다며 '괴물과 싸우기 위해서 괴물이 되면 안 된다'라고 했다. 이승만, 박정희의 위대성이 거기에 있다. 공산당과 싸우려면 '우리도 계엄령 펴고 저쪽과 똑같이 해야한다'라는 유혹이 있었을 것이다. 하지만 두 사람은 그렇게 하지 않았다. 이승만 대통령은 공산당과 싸우는 6·25 와중에 최대규모의 선거를 했다. 6·25라는 긴박한 시기에 언론검열도 안 했다. 전쟁 중 언론검열이 없었다는 건 세계 역사상 처음이다. 왜 안 했느냐? 그때 이승만 대통령이 이렇게 지시한다.

'우리가 공산당과 싸우는 것은 자유를 지키겠다는 건데, 자유 중에 제일 핵심이 언론 자유인데, 언론 자유를 말살해가면서까지 전쟁에서 이겨야 되느냐?'

그래서 언론검열을 폐지했다. 전쟁 중인데도 기자들이 군대를 비판하고 대통령을 비판했다.

박정희 대통령은 70년대에 들어서면서 '전쟁만 없으면, 평화의 시기가 길면 길수록 우리가 이긴다'고 확신했다. 어떻게 하든지 전쟁은 하지 말자. 당장 쳐들어가서 북한을 자유화하겠다는 전략이 아니라, 평화의 시기에 우리가 중화학공업 발전시키면 나중에 가서는 결국 북한이 무너지게 돼 있다고 예언했다. 정면 공격이 아니라 측면 공격을 한 것이다.

2.

박정희는 대한민국이 농업국에서 공업국으로 탈바꿈해야 미래가 있다고 봤다. 굶어죽는 사람을 없애고 숙명적 가난에서 벗어나려면, 공업적 생산력이 반드시 뒷받침되어야 한다고 확신했다. 중화학공업 육성, 고속도로 건설, 제철소 설립, 월남 파병, 중동 특수 등 박 대통령 시기의 역사적 결단은 거의 다 성공했다. 대한민국이 오늘날의 선진국으로 도약한 배경이다.

모든 시도가 결과적으로 거의 다 성공한 이유가 있다. 박정희 대통령은 사물을 판단하는 기준이 언제나 과학적이었다. 결정 과정도 민주적이었다. 그만큼 철저히 준비하고 검증했기에 실수가 없었던 것이다.

박정희 프로젝트의 가장 큰 성공 요인이 하나 더 있다. 주체적으로 일을 추진했다는 사실이다. 세계은행과 외국 학자들은 고속도로, 제철소를 모두 반대했다. 그 주장을 야당의원들이 인용하고 반복하며 정부를 공격했다. (예를 들어 김대중 의원은 1967년 12월 8일 국회 건설위원회에서 "가뜩이나 모든 투자가 경상도로 집중되고 전라도에서는 푸대접 운운하는 이때, 어찌 한쪽은 철도 복선(複線)이 있는 곳에 다시 고속도로를 건설하는 파행적 건설을 할 수 있는가"라고 발언했다. IBRD 보고서를 근거로 "서울-부산은 철도망과 국도·지방도가 잘 갖춰져 있으므로 서울-강릉 고속도로를 먼저 건설해야 한다"고 주장했다.) 박정희 대통령의 판단은 달랐다. 우리가 지금 하려는 경제개발 계획에서는 반드시 고속도로와 종합제철이 있어야 하고, 남들은 다 안 된다고 하지만 반드시 성공할 수 있다고 했다. 실무진이 연산(年産) 50만 톤 철강생산 이야기를 하자 '그거 안 된다. 300만 톤으로 하라'고 했다. 우리 기준으로 계산한 것이다. 말하자면, 모든 일을 주체적, 과학적, 민주적으로 준비하고 밀어붙인 것이다.

집행 과정에서의 리더십도 발군이었다. 박 대통령이 장교 생활 하면서 항상 부하들에게 강조했던 철칙이 있다. '지시는 5%밖에 안 된다. 확인이 95%다. 확인이 중요하다'라는 좌우명이다. 업무 추진 과정에서의 철저한 확인이 박정희 대통령의 성공 비결이다. 그는 계획만 세워놓고 아랫사람한테 맡긴 것이 아니라 문자 그대로 전국을 순시하며 지시사항 이행 여부를 철저하게 확인했다. 현장을 찾아가고, 일주일에 한 번씩 정례 회의를 하고, 수치를 귀신처럼 거의 다 외웠다. 그는 시스템 운영의 귀재였다.

박정희 대통령의 리더십을 요약하면 '최악의 조건에서 최단기간에 최소한의 희생으로 최대의 업적을 남긴 사람'이다. 이런 점에

서 인류 역사상 유례가 없는 효율적 리더십을 발휘한 지도자라고
말할 수 있다.

'최소한이 희생'에 대해 이야기해보자. 18년 집권 기간 동안 그
는 수많은 폭력시위와 마주했다. 하지만 한 번도 발포 명령을 내
린 적이 없다. 그래서 18년 동안 총 맞아 죽은 시위대가 한 명도 없
다. 세계에서 유래가 거의 없는 경우다. 그래서 '최소한의 희생'이
다. 박정희의 전략은 일관성이 있고 꾸준했다. 전술이나 정책은 바
꿀 수 있지만, 전략은 자주 바뀌면 전략이라고 할 수 없다.

그의 원칙은 '자조 정신으로 무장해 자립경제를 만들어야 한다'
는 것이었다. 자립경제는 원조 없이 운영하는 나라를 만든다는 뜻
이다. 자립경제를 기반으로, 자주국방을 이룩하자는 것이 박정희
평생의 목표였다. 그 다음 목표가 '자유통일'이었다. 자조정신, 자
립경제, 자주국방, 자유통일의 '4자(自)'가 박정희식 전략의 정신적
기반이었고, 이것이 단계론으로 발전해 갔다.

정치적인 포퓰리스트였다면 '자조(自助)'를 강조할 수는 없었을
것이다. '자조'는 새마을운동에도 나오지만, 잘하는 마을, 열심히
하는 사람을 더 지원하겠다는 것이다. 경쟁을 붙이겠다는 것이다.
모든 사람을 다 도와주겠다는 것이 아니다. 가난하면서도 게으른
사람은 도와주지 않겠다는 말도 했다. 경쟁에서 밀리거나 지원을
못 받은 마을은 상대적으로 불만을 가질 수밖에 없는데, 박정희는

그것에 굴하지 않고 통계를 보며 효율성에 기반해서 밀고 나갔다.

그렇게 할 수 있었던 기반은 한국식 민주주의다. 서구식 민주주의에 비하면 여러가지로 제약이 있었던 민주주의다. '한국식 민주주의'는 '미국이나 서유럽 사람들이 누리는 자유를 우리가 다 누리면서는 나라를 발전시킬 수 없다'라는 소신의 발로다. 우리 발전 단계에 맞는 민주주의를 하자며 개헌을 한 결과가 유신체제 (1972~1979)다. 그렇게 해야 국력의 조직화, 능률의 극대화를 통해 국가를 효율적으로 운용할 수 있다고 했다.

유신 7년이 비민주적이라는 비판에 대해 박정희 시대에 경제수석으로 봉직한 오원철은 이렇게 반박했다. '10월 유신이 없었다면 우리는 말레이시아 수준에서 경제 성장을 멈췄을 것이다. 그 7년 동안에 집중적으로 중화학공업 건설하면서 정치 코스트를 최소화했기 때문에 비약적 경제개발과 국가의 체질 개선이 가능했다. 그 시기에 한국경제의 성격 자체가 달라졌다는 말이다. 유신체제와 중화학공업 건설은 동전의 양면과 같다. 경제발전의 과실을 누리면서 그때의 비민주성을 비판하는 사람은 그래서 염치가 없는 것이다.'

반대 여론을 의식하지 않고 국가의 발전적 미래를 설계했다는 점에서 박정희는 포퓰리스트가 아니다. 그런 면에서 박정희의 18년뿐만 아니라, 그 뒤의 전두환, 노태우도 포퓰리스트가 아니다.

말하자면, 군인 출신 대통령 시기 30년 동안에 우리는 포퓰리즘적인 요소를 최소화하고 실사구시(實事求是)를 한 것이다. 그래서 나라가 발전했다. 이것은 한반도 5천 년 역사상 상당히 예외적인 시기가 아닐까 하는 생각도 든다.

원래 실사구시는 그 말이 의미하듯이 '실사'의 '실(實)'은 현실, '사(事)'는 사실이다. 사실과 현실을 딛고 시시비비를 가리고 나아갈 바를 찾는다는 것이 '실사구시'다. 전국시대(戰國時代) 때 제나라 관중(管仲), 한비자(韓非子), 일본의 근대화, 현대에는 박정희(朴正熙), 리콴유(李光耀), 덩샤오핑(鄧小平)의 개혁개방이 있다. 이것이 동양의 유교적 실사구시, 실용 정치, 실용 경제의 실례다.

아직도 우리 일부 정치인들은 명분론에 과하게 집착한다. 표를 얻는 것이 최우선 목표가 되면 정치인 대부분은 포퓰리스트가 된다. 한국에서는 김영삼 대통령때부터 대중영합주의가 고개를 들기 시작했다(고 생각한다). 포퓰리즘이 발흥하는 단계를 최대한 늦춘 것이 대한민국의 복이다. 이승만 이후 노태우까지 40년 이상을 포퓰리즘의 영향을 받지 않는 지도자가 나라를 이끌고 어마어마한 국부(國富)와 인프라를 만들었다. 그런 기반이 있었기에 그 뒤로 포퓰리스트가 준동해도 그 피해를 최소화하거나 감당할 수 있게 된 것은 혹시 아닐까?

박정희 대통령을 본인의 라이벌이라고 여겼던 사람 중에는 필

리핀의 마르코스 대통령(재직 1965~1986)이 있다. 마르코스가 제도적으로는 더 민주주의를 했을지 몰라도 그것은 일부 기득권 세력끼리의 정치 게임 같은 민주주의였다. 마르코스의 정치는 대다수 국민이 잘사는 것과는 아무런 관련이 없었다. 그래서 말한다. 5·16은 군사 쿠데타가 맞다. 하지만 군사쿠데타가 성공한 거의 유일한 경우다. 이 형용모순(形容矛盾)에 대해 설명을 하자.

3.

우리나라의 군대는 국민의 군대다. 우리나라 장교단은 수구 반동적 성격의 군부가 아니었다. 군부쿠데타로 집권한 다른 나라의 장교단은 스스로를 특권계급이라고 생각한 경우가 많다. 그들은 기득권을 지키는 군인이었다. 하지만 우리 장교단은 개혁적인 사람들이었다. 그들이 쿠데타 이후 삼권(三權)을 다 장악해 특권계급이 되고, 권력을 절대로 놓지 않고 세습했다면 우리는 여전히 후진국을 면하지 못했을 터이다. 그렇기에 우리 군사혁명은 출발부터가 다른 것이다. 세계에서 군대가 이렇게 큰 역할을 한 유례가 거의 없다. 굳이 하나만 딱 예를 든다면 이스라엘이 있겠다. 우리 군은 지금까지 건국의 초석이었고 호국의 간성이었으며 근대화의 기관차였고 민주화의 울타리 역할을 했다.

앞에서도 말했지만, 5·16 당시 기준으로 하면 군 장교단은 대한민국에서 가장 엘리트 조직이었다. 유학을 다녀온 곳도 다 선진국이었다. 미국에서 군사기술만 배운 것이 아니다. 행정 기술도 습득했다. 즉 근대 행정조직을 어떤 식으로 운영해야 한다, 국가를 어떤 식으로 운영해야 한다는 데 대해서는 공무원보다도, 기업인보다도 한참 전에 눈을 뜬 것이다. 집권 후 바로 관료조직을 바꿀 수 있었던 배경이다. 그것은 우리 민족사에서 가장 큰 개혁 중의 하나였다. '사농공상(士農工商)' 체제, 다시 말해 글 아는 사람, 과거시험 합격한 사람, 즉 언론인이라든지 학자라든지 법률가라든지 지식인이라든지 이런 사람들이 권력을 잡고 이끌고 오던 한국 사회를 기업인이 큰소리치고, 과학자가 큰소리치고 군인들이 큰소리치는 쪽으로 계급혁명한 것이다. 북한에서는 계급혁명이 이루어지지 않았지만 대한민국에서는 5·16을 기점으로 계급혁명이 일어났다. 박정희의 어록 중에는 '사농공상 질서를 상공농사로 바꾸는 것이 목표'라는 말도 있다. 그래서 진정한 계급 해방가가 있다면 이승만, 박정희다. 나아가 이승만, 박정희는 최고의 인권운동가다. 인권이 무엇인가? 제일 중요한 인권은 먹고 사는 문제다. 굶주림을 면하게 해주고, 나라가 식민지가 되지 않고, 독립하고, 특히 인권 말살 조직인 공산당으로부터 대한민국을 지킨 사람은 그 둘이 아닌가? 바로 그 점에서 이승만, 박정희야말로 우리 민족사에서 가장 위대한 인권 신장 정치인이라고 말할 수 있는 것이다.

그 둘을 인권 신장 정치인이라고 불러야 하는 또 다른 이유가 있다. 두 분은 비약적으로 여성 인권을 신장(伸張)한 인물이다. 여성의 활동공간을 늘린 사람들이다. 이승만 때는 여자들도 학교에 가도록 만들었고 투표권도 줬다. (예를 들어 스위스는 1972년에야 여성에게 투표권을 줬다.) 박정희 때는 여성이 여공으로서 경제 일선에 나가도록 만들었다. 집안에만 갇혀 있었고 가부장적 질서에 순응할 수밖에 없었던 여성들에게 자기 삶을 스스로 개척할 수 있는 기회를 준 것이다. 이승만도 박정희도 약한 사람들, 못 사는 사람들, 소외된 사람들, 핍박받는 사람들에 대한 본능적인 동정심을 가지고 있었던 분들이다. 그래서 여성인권 신장이 가능했다. 소생이 이렇게 말하면, '그럼 안내양이나 여공으로 살았던 삶이 행복했다는 것이냐? 안락하고 풍요로웠다는 것이냐?'라고 반문하는 분들이 계시겠다. 맞다. 안내양으로 사는 것, 여공으로 사는 것은 안락하고 풍요로운 삶이 아니다. 하지만 절대 빈곤인 농업 국가에서 모든 사람을 단번에 잘 살게 만드는 방법은 없다.

그래서 1964년 12월 박정희 대통령이 독일을 방문해 함보른 탄광에서 간호사와 광부들 앞에서 연설할 때도 "비록 우리 당대에는 잘 사는 나라를 만들지 못하더라도… 번영의 터전만이라도 이룩해 놓자"고 했던 것이다.

만약 버스 안내양이나 여공이 되지 않았더라면, 여성들에게는 어떤 삶이 기다리고 있었을까? 거의 대부분 농촌에서 어린 나이에 결혼을 하고, 가부장적인 농촌사회에서 빈농 이외의 삶을 꿈꿀 수 있었을까? 어떤 경우든 인생의 선택지가 늘어난다는 것은 자체로 복지다.

인권(人權) 이야기가 나온 김에 하나만 더 짚고 넘어가자. 1972년에서 79년 사이 유신체제 7년 동안 인권탄압이 심해졌다, 정치가 실종됐다며 부정적으로 평가하는 사람들이 있다. 정치만 보면 맞는 말이다. 하지만 국가 운영이라는 틀에서 상황을 전반적으로 살피면 이야기가 달라진다. 유신이 없었으면 오늘날의 대한민국도 없었고, 오늘날의 대한민국의 중산층도 없었고, 오늘날 대한민국의 민주주의도 이렇게 발전하지는 못했을 것이다. 유신 시절, 정치적 자유를 상당히 제한한 것은 사실이다. 그렇다고 해서 그 시대를 암흑기라고 할 수 있는가. 예를 들어보자. 당시 언론은 군, 정보부 비판을 하지 못했다. 하지만 나머지는 다 비판할 수 있었다. 언론 자유가 말살되었다는 말은 완전히 거짓말이다. 언론 자유가 다소 제약되었다,라고는 분명하게 말할 수 있겠지만.

그 유신 7년 우리나라는 동안에 중화학공업을 건설하고 중동에 진출했다. 거기서 벌어들인 돈으로 중동에서 원유수입을 할 수 있을 정도로 외화를 벌고 새마을운동으로 국민정신 혁명에 성공했다. 또 이 기간에 대형 댐 10개를 만들어 물 부족 사태를 근원적으로 해결했다. 산림녹화도 이 시기의 업적이다. 유신은 우리나라를 중진국에서 선진국의 문턱을 넘게 만들었다. 그 시기를 놓쳤으면 우리는 지금 동남아의 말레이시아나 태국 수준으로 살고 있을 것이다. 대신 유신에 대한 정치적 불만, 그리고 우리 국민의 저항이 쌓이고 쌓여서 10·26 사건으로 터졌다는 것도 사실이다.

박정희 뒤에 전두환 대통령이 등장했다. 박정희 대통령은 전임자 이승만도, 후임자도 잘 만난 사람이다. 전두환이 박정희의 개발 노선을 뒤집지 않고, 문제 있는 부분만 고쳐서 그대로 밀고 나갔기 때문이다. 80년대의 한국은 비약적 경제 성장을 이뤘다. 세계 1등의 경제성장률을 달성했다. 평균 경제성장률이 무려 10.1%였다. 박정희만 잘한 것이 아니라 이승만도 잘하고, 박정희도 잘하고 전두환도 잘했다. 지구 최강의 이어달리기였다. 그리고 그 기간에 정권교체의 전통을 만들었고 서울올림픽을 치르며 국민적 자긍심을 높였다. 우리가 이른바 '엽전 의식'을 완전히 청산한 건 80년대가 아니었을까? 전두환의 성취는 박정희 노선을 부정하지 않았기에 가능했던 것이다. 어느 대통령식으로 앞의 정권을 모조리 부정하려고 했으면 성취는 불가능했을 터이다.

전두환, 노태우의 1980년대는 그야말로 한국이 세계화되고 올림픽을 통해서 그리고 나중에는 북방정책을 통해서 동구 공산국가, 중국, 소련과 수교도 하는 등 거대한 변화를 만든 시기다. 그 밑바탕이 유신 7년이다.

세계화, 국제화 이야기가 나온 김에 덧붙이자면, 대한민국이 국가 차원에서 세계 속의 한국, 그러니까 우리 중심적인 사고를 하지 않고 세계 속의 한국을 객관적으로 보게 된 계기가 있다. 월남전 참전(1965~1973)이다. 월남 파병을 앞두고 박정희 대통령은 처음부터 매우 전략적으로 냉철하게 계산했다. 또, 전장에서 희생된 사람들에 대한 무한히 미안한 마음을 가졌다. 우리가 월남으로 군대를 보낸 것이 '경제적 목적이었다, 돈을 벌기 위해서 파병(派兵)했다, 용병(傭兵)이었다'라고 말하는 사람들이 있는데 사실을 전혀 모르고 하는 소리다. 우리의 안보가 위협받았기에 파병한 것이다. 당시 한국에는 미군 2개 사단이 주둔하고 있었다. 월남전에 우리가 국군을 파병하지 않으면 한국에 있는 미군 사단을 빼내 가지고 월남에 갈 가능성이 있었다. 그럴 바에야 우리가 군대를 보내자. 또 군대가 가면 기업도 같이 가니까 거기서 외화 가득도 할 수 있을 것이다. 이런 선순환 구조를 염두에 두고 박정희는 파병을 결정한 것이다.

군대가 가니 기업이 따라갔고, 그래서 '한진'이라든지 '현대' 같은 회사가 월남에서 국제 공사를 수주했다. 군대 공사를 하며 한국 기업은 기술적, 행정적으로 많은 것을 배웠다. 월남에서 경험과 기술을 축적한 우리 기업들은 1973년 석유 쇼크 이후에 그 실력을 바탕으로 중동에 진출했다. 월남에서의 연습이 있었기에 가능한 일이었다. 월남 특수가 없었으면 중동 진출도 없었을 것이다.

한국의 중동 진출도 특징이 있다. 우리는 다른 나라와 달리 중동 건설시장에 회사 단위로 나갔다. 다른 나라는 인력수출을 했다.

인력수출을 한 나라는 10년 지나도 인력수출인데 우리는 회사가 나가서, 조직이 나가서 일을 했기에 돈도 많이 벌고 또 굉장한 시공 기술도 확보할 수 있었다.

중화학공업 육성과 박 대통령이 말한 '자립'은 불가분의 관계가 있다. 앞 장에도 썼지만, 대한민국은 미국의 원조가 없이는 예산 편성을 할 수가 없는 나라였다. 미국이 먹여 살리는 나라였다. 박정희 대통령 어록 중에는 '외국의 원조를 받지 않고 국가의 예산을 편성하는 것이 내가 생각하는 자립이다'라는 얘기가 나온다. 핵심을 찌른 말이다. 그때 자립은 미국 원조 없이 경제와 군대를 운영하는 것이었다. 군대도 미국 무기, 미국 군사원조로 운영하다가 경제적 기반이 생기고 과학적인 기반이 생기니까 자립을 할 수 있었다. 그것이 대한민국 현대사다. 자주국방의 계기는 1968년 1월 21일 청와대 습격사건이다. 자립경제, 자주정신에서 자립경제를 넘어 자주국방으로 간 것이다. 자주국방의 핵심은 무기를 만드는 것이다. 무기를 만들려니 무기공장만 달랑 세울 수가 없었다. 무기를 만들려면 정밀공업이 필요했기 때문이다. 그래서 중화학공업을 건설한 것이다. 중화학공업이 거대한 도박이었다고 하는 분들이 있다. 실패했다면 나라가 망했을 것이라는 지적이다. 인정한다. 거대한 도박이었고, 실패했다면 대한민국은 재기 불능의 타격을 입었을 것이다. 하지만, '아시아 지역 전쟁 발발 시 직접 참전 금지'를 천명한 닉슨 독트린(1970), 월남 공산화(1975) 등 당시 상황을 고려하면, '자주국방'은 선택의 문제가 아니라 어떻게든 이뤄야 하는 절대절명의 목표였다.

4.

그래서 소생은 6·25 남침과 1·21 사건이 김일성의 인생 최대 실수라고 본다. 6·25 남침으로 한국이 한미동맹을 맺은 후 발전하기 시작했다. 6·25를 일으키지 않았더라면 우리도 월남식으로 적화됐을 가능성이 크다. 한반도 공산화를 막은 건 한미동맹 덕분이다. 김일성이 1·21 도발로 청와대까지 테러범을 보내자 박정희는 결심한다. '아, 이제는 경제만 발전시켜서는 안 되겠다. 자주국방을 해야되겠다'라고. 자주국방을 위해 중화학공업을 건설했고, 그것이 결과적으로 경공업 위주의 대한민국 산업 체질을 중후장대(重厚長大)로 바꿔 세계 톱클라스에서 경쟁이 가능하도록 만들었다.

그래서 대한민국의 지난 70년 역사는 새옹지마(塞翁之馬), 전화위복(轉禍爲福), 9회말 역전승(逆轉勝), 버저비터, 극장골 승리의 역사다. 그래서 6·25 동란은 위장된 축복이고 1·21사태도 위장된 축복이고 어떻게 보면 1997년의 외환위기도 그렇다고 볼 수 있겠다.

그런데 역전승은 아무나 하나? 아니다. 그렇게 만들 수 있는 한국 사람들의 아주 독특한 장점이 있다. 위기가 오면 그걸 정면돌파하는 능력이다. 위기가 닥치면 위기에 눌려버리는 것이 아니라 자기의 능력을 150% 발휘해서 곤경을 벗어난다. 위기만 극복하는 것이 아니라 그 과정에서 새로운 기회를 잡는다. 위기 이전의 과거 수준으로 돌아가는 것이 아니라 다른 차원의 신세계로 나아가는 것이다.

대한민국 부국(富國) 건설의 노하우는 이미 다른 나라에 전해져서 많은 사람을 가난으로부터 구제하고 있다. 진정한 노벨평화상, 경제학상 감이다. 세계의 학자들은 새마을운동을 굉장히 높이 평가한다. 경제개발의 토대로서의 새마을운동도 훌륭하지만, 전 근대적인 국민을 근대적 국민으로 바꿔놓은 일종의 정신혁명이기에 더 위대하다는 것이다. 박정희 대통령에 대해서 잘못 생각하는 점이 있다. 그분이 '물질주의적이다'라는 인식이다. 사실과 다르다. 박정희 대통령은 정신을 강조한 사람이다. 그래서 자조정신을 그렇게 강조했고 자조정신이 있어야 자립경제를 만든다고 역설했다. 박정희의 모든 연설은 그런 철학을 바탕에 깔고, 국민들을 교육하는 내용이 들어가 있다. 새마을운동은 '자조정신(自助精神)'에 맞는 정책을 폈기에 성공했다. 그것이 무엇이냐? 잘하는 사람, 열심히 하는 사람은 도와주고 못 하는 사람은 좀 매정하지만 정신 차릴 때까지 안 도와준다는 원칙이다. 시장경제와 경쟁원리를 도입한 것이다. 대부분의 나라에서는 농촌을 발전시킨다면서 못 사는 사람 도와주는 쪽으로 정책을 집행했다. 박정희는 달랐다. 못 살면서 게

으르면 도와주지 않았다. 좀 매정하지만, 결국 그렇게 되니까 못 살면서 게으르던 마을도 '야, 옆에서 잘 되니까 우리도 열심히 해야 되겠다'라고 해서 선의의 경쟁이 붙은 것이다. 잘하자는 경쟁이 '소득 증대'라는 구체적 목표와 연결된 것도 중요하다. 어떤 일을 하더라도 소득이 늘어야 실체가 생긴다. 소득이 안 느는 정신 운동은 공허하고 헛돌며 구호만으로 끝난다. 새마을운동의 성공은 정신혁명과 소득 증가가 결합되었고, 그것을 통해서 농촌사회에서 '진짜 민주화'가 이루어졌기에 가능했다. 농촌 마을 마을마다 모임이 만들어지고, 거기서 지도자를 뽑았다. 새마을운동 성공 비결 가운데 하나는 새마을 지도자의 대활약이다. 새마을 지도자는 관에서 임명하지 않고 농민 스스로가 뽑았다. 그렇게 뽑힌 새마을 지도자의 약 40%가 여성 지도자다. 우리 역사상 여성이 앞장서서 마을 사람들을 독려해 다리 놓고 길 닦고 마을회관 만들고 한 것은 이때가 처음이다. 진정한 여성 해방과 풀뿌리 민주주의가 이뤄진 역사적 순간이다.

박정희 대통령은 천연두 백신과 같은 사람이다. 천연두(天然痘)는 인류에게 어마어마한 해악을 끼쳤지만 인류가 박멸한 최초의 전염병이다. 박정희는 인류로부터 가난을 박멸한(물론 가난을 박멸한 건 한국에 국한된 얘기지만) 위대한 지도자다. 박정희의 노하우가 전 세계적으로 확산된다면 전 세계에서 가난도 박멸할 수 있지 않을까 기대한다. 천연두 백신은 지구에서 천연두를 몰아냈고 한국 현대사는 한국에서 가난과 굶주림을 몰아냈다. 그래서 전후 70년 한국의 발전모델은 '이제껏 한 번도 쓰여지지 않은 가장 위대한 이야기', '더 그레이티스트 스토리 에버 톨드(The Greast Story Ever Told)'다. 이 이야기가 다른 나라에 전해지면 많은 사람을 구제할 수 있을 것이다. 중국이 덩샤오핑 시절 개혁 개방을 할 때 한국이 참고서가 된 건 우연이 아니다. 대한민국과 박정희의 근대화 모델은 그런 점에서 인류의 자랑스러운 문화유산이다.

키워드 열
•
무인정권 시대(武人政權時代)

1.

　전두환(全斗煥), 노태우(盧泰愚) 집권기가 무인정권 시대(武人政權時代)다. 이 시대가 '폭력적이었다, 엄혹했다, 끔찍한 독재의 시대였다'는 증언은 차고 넘친다. 해서, 동어반복은 하지 않기로 한다. 80년 광주로부터 5공 탄생까지를 정변(政變)으로 보는 사람도 있고, 권력투쟁(權力鬪爭)의 결과로 해석하는 사람도 있다. 그렇다면 이 시대가 과연 처음부터 끝까지 독재(獨裁)로만 시종한 시대였을까? 본 장(章)의 목적은 다른 각도에서 의문을 제기해 보는 것이다. 워낙 이 시대를 악(惡)의 화신처럼 말하는 분들이 많으니 균형잡힌 시각을 위해서 조심스럽게 화두(話頭)를 던져보자는 이야기다.

　박정희 시대의 '한국 산업화 프로젝트'는 5공 6공에서도 그대로 이어졌다. 한강 정비 대사업(5공), 200만 호 주택 포함 수도권 신도시 프로젝트(6공), KTX 고속철(6공) 등이 이 시대의 대표적인 대규모 건설사업이다. 수출주도 경제도 그대로였다. '박정희의 행운은 후임자를 잘 만난 것'이라고 평하는 학자도 있다. 5공 정부가 박정희 대통령의 정책 기조를 유지했기에 '선진국 진입'이라는 박정희 구상이 빛을 볼 수 있었다는 이야기다.

독재 국가라면 국가기구(國家機構)를 늘리고 조직화해서 억압 능력을 극대화하지 않겠냐고 흔히 생각한다. 실상은 반대다. 아프리카나 중앙아시아 몇몇 나라들을 보면 오히려 독재자가 국가를 파괴해버린다. 독재자는 '국가기구'를 두려워하기 때문이다. 왜냐? 그런 기구나 조직이 자기에게 반대하는 무력을 동원할 수 있기 때문이다. 그래서 고의적으로 국가를 파괴하는 것이다. 그렇다면, 여기서 말하는 국가 파괴란 어떤 개념인가.

영남대 한상진 교수의 학설을 따라가 보자. 인프라를 건설하는 일은 장기투자 사업이고 대규모 투자가 필요하다. 당연히 돈이 많이 들어가는데, 독재자들은 그 돈을 국가건설에 쓰기보다는 선진국에 은닉한다. 부동산에 투자하고 자기도 언제든지 떠날 준비를 한다. 우리는 흔히 국가를 '좋은 행위자'로 인식한다. '국가는 당연히 국민의 생활을 돌보아야 한다'는 믿음이다. 대한민국 국민이기에 품을 수 있는 생각이다. 현실은 다르다. 독재자는 공공재의 공급을 거부한다. 예컨대 독재자들은 상하수도 시설에 투자하지 않는다. 제대로 된 상하수도를 통해 깨끗한 물의 공급이 별로 없는 건 대부분의 비민주주의 독재국가에서 벌어지는 공통적인 현상이다. 많은 어린이가 배탈이나 수인성(水因性) 전염병으로 사망해도 독재자는 관심이 없다. 그들에겐 국민들이 중요하지 않기 때문이다. 당연히, 국민들이 부자가 되는 일에도 관심이 없다. 오히려 그런 일을 막으려고 한다.

독재자가 국민을 중요하게 생각하는 때가 있기는 하다. 국력의 핵심 자원이 국민인 경우다. 이때 국가는 국민에게 최선을 다한다. 나폴레옹 군대의 국민군이 대표적이다. 국민이 국력의 핵심 자원이 되면 지배자가 국민에게 정치적 양보를 할 수밖에 없다. 아테네에서 일찍 민주주의가 일어났던 이유도 마찬가지다. 아테네 군사력의 대부분은 농사를 짓는 농민들에게서 나왔다. 그래서 귀족들은 평민들의 정치적 권리를 인정해 줬다. 그렇게 하지 않으면 농민들이 자발적으로 전쟁에 참여하지 않는다고 봤기 때문이다. 고대(古代) 전쟁에선 병력이 없으면 군사적 패배를 뜻했다. 그래서 병사들의 자발적 참여를 담보하는 일이 중요했다. 농민들의 정치적 권리를 인정할 수밖에 없었던 이유다.

나폴레옹의 군대는 이전의 용병(傭兵)들과는 차원이 다르다. 그들이 알프스산을 넘는 위험한 군사 전략을 결행할 수 있었던 배경이 있다. '우리가 나라의 주인'이라는 의식을 병사들이 공유했기 때문이다. 왜 그렇게 생각했는가. '권리'가 있었기 때문이다. 프랑스 혁명 이후, 프랑스 정부는 국민에게 정치적 권리를 인정했다. 권리가 생겼기에 병사들이 '이 나라가 우리들의 것'이라고 생각하기 시작한 것이다. 프랑스군이 자발적으로 위험한 군사적 행동에 참여하는 확실한 동기부여가 있었던 셈이다. 용병은 다르다. 돈이 궁극의 목적임으로 위험을 회피한다. 군사적 어려움을 참아내는 인내심도 없다. 승전(勝戰)보다는 돈과 목숨이 먼저이기 때문이다. 나폴레옹 군대가 전 유럽에 걸쳐 위력을 떨친 것은 그들이 국민군(國民軍)이었기 때문이다. 나폴레옹은 프랑스 혁명의 이상을 잘 활용하고, 그것을 군사적인 힘으로 전환시키는 데 천재적인 능력을 발휘한 인물이다.

이러한 논리의 연장선상에서 잠깐 북한의 핵개발로 말머리를 돌려보자. 북한 핵개발로 북한 주민의 삶은 더 어려워질 것이다. 북한 주민의 가치, 특히 무력 실행 수단으로서의 폭력적 가치가 폭락했기 때문이다. 이 이야기를 서유럽의 국가건설 과정과 연동해서 분석해 보자. 서유럽 국가는 역사적으로 재정 문제를 해결하기 위해 노력했다. 전쟁 때문이다. 당시 전쟁에선 보병(步兵)의 역할이 중요했다. 보병이 중요해지니까 보병을 먹여 살려야 하고, 그러자면 국가가 돈이 있어야 하고, 돈이 필요하니까 국가 재정을 관리하려 노력하고 경제 발전에 관심을 뒀다. 핵개발 이전의 북한 군사력 대부분은 주민으로부터 나왔다. 그래서 김씨족속은 지금에 비해 상대적으로 주민에게 잘해줬다. 하지만 현대전에선 병력(兵力)은 더 이상 절대적 요소가 아니다. 주민이 별로 필요하지 않은 것이다. 게다가 북한 핵무기는 일단 만들어 놓으면 추가 비용이 필요 없다. 군대처럼 먹이고 재우고 입히고 훈련시키고, 막대한 유지비용을 쓸 일이 없다는 말이다. 독재자의 입장에선 그보다 더 좋은 무기가 없는 것이다. 주민들이 군사적으로, 또 재정적으로도 중요하지 않은데 왜 김정은이 신경을 쓰겠는가? 더구나 자기 마음대로 괴롭혀도 전혀 뒤탈이 없는데? 그래서 핵무기는 북한 주민 입장에서 보자면 상당히 비극적인 군사기술이라고 할 수 있다.

독재자 김정은 입장에선 철도, 도로, 상하수도 등 공공재를 공급할 필요가 전혀 없는 것이다. 사회를 유지하는 데 들어가는 최소한의 건설이야 하겠지만, 국민의 삶의 질을 높여야 한다는 것은 전혀 수령의 관심 사항이 아니다. 그래서 북조선인민공화국엔 '인민'도, '민주주의'도 '공화국'도 없다.

본질적으로 노예제 신분제 사회였던 고려, 조선시대에도 애민(愛民)은 있었다. 예컨대, 농업용수 확보를 위한 저수지를 만든다든가 흉년에는 세금을 면제해 주는 경우다. 농민을 100% 수탈하면 그 해만 이익이다. 하지만 수리시설을 만든다던가 농사를 잘 짓게 만들면 장기적으로 양반층과 농민들이 다 이익을 누린다. 우리는 누구를 만날 때 이 사람과의 관계가 얼마나 오래 갈 것인가를 본능적으로 계산하고 행동한다. 농민들과 왕과의 관계도 마찬가지다.

서로 오랫동안 거래를 할 것이라는 믿음이 생기면 수탈(收奪)이 사라진다. 지배층이 농민들의 재산을 오늘 당장 다 뺏고 굶겨 죽이는 것이 아니라, 살려주고 계속해서 농사를 짓게 만들어 주는 것이다. 역으로, 이 관계가 오래가지 못할 것이라는 예측 하에서는 엄청난 수탈이 이루어진다. 대표적인 시기가 고려 말(高麗末)이다. 고려 말의 지배층은 승려(僧侶), 무신(武臣) 그리고 귀족(貴族)이었다. 서로 다른 이러한 세 지배층이 농민을 놓고 경쟁했다. 오늘 내가 수탈하지 않으면 내일은 다른 지배 세력이 수탈한다. 그 결과 농민들은 농업을 포기하고 산으로 도망쳐 화전민으로 살았다. 아니면 오지로 도망가거나. 그렇다면 전두환, 노태우는 사회를 파괴하거나 인프라 건설을 회피했는가?

2.

5, 6공이 집권 과정의 비합법성을 정당화하기 위해 경제개발에 힘썼다고 말하는 사람도 있다. 1981년부터 1992년까지 대한민국의 경제성장률은 최하 7.2%에서 최대 13.4%(1983)다. 1983년엔 경제성장률이 물가상승률을 추월했다. 국가지표체계 홈페이지에 따르면 1981년 1인당 실질국민총소득은 505만 원, 무인시대가 끝나는 1992년은 1,375만 원이다. 근 3배 가까이 소득이 늘었다. 문민정부 첫해인 1993년은 1,460만 원, YS 퇴임 해인 1997년

은 1,853만 원, 김대중 대통령은 1,699만 원으로 시작해 2,197만 원으로 임기를 마쳤다. 노무현 대통령은 2003년 2,244만 원에서 2008년 2,582만 원으로 국민총소득을 늘렸다. 문인정권(文人政權) 15년의 성적표는 '2배 성장 달성 실패'다.

물론 경제규모가 커질수록 고성장은 어렵다. 무인시대에 당대 세계 최고의 성장률을 기록한 배경이 저금리, 저유가, 저환율의 3저 호황 덕분이라는 평가도 있다. 일정 부분 맞는 말이다. 하지만 그것이 다일까?

경제개발로 주민들의 소득 수준이 올라가면 민주화에 대한 욕구가 늘어난다. 정치적 기대가 분출하는 것이다. 그래서 경제개발이 선행하고 이후에 민주화가 온다는 것이 일반적인 이론이다. 물론, 정치 제도의 혁신이 경제개발에 선행한다는 이론도 있다.

잘 먹고, 잘 살고, 정치적 권리도 갖고 싶어하는 것은 현대인의 본성이다. 그런데 가난한 나라의 국민들은 경제적으로 잘 먹고 잘 살게 해주는 지도자를 더 선호한다. 대한민국의 경우, 국민들의 민주적 욕구를 100% 충족시키지 않더라도, 잘 먹고 잘사는 문제를 해결함으로써 충분히 정치적 지지를 얻을 수 있었던 시기가 있었다. 1960년대였다. 1970년대 박정희 정권이 정치적으로 힘들어진 건 국민들을 먹고살만하게 만들어준 결과다. 그것을 알면서도 그렇게 만들어줬다는 것이 박 대통령의 위대한 점이다. 어떠한 정치적 고려도 하지 않는 애국심으로 충만했기에 이룰 수 있었던 일이다.

5공 6공은 박정희 시대의 연장선상에 있다. 그 시절 대통령들이 권위적이었던 것은 사실이고 자유권을 일부 제한한 것도 맞다. 하지만, 그들은 사유재산제도를 허물지 않았다. 그리고 선거를 계속했다는 것이 보기보다 중요하다.

박정희 이후 전두환, 노태우를 독재자라 부르는 사람들이 있다. (이런 사람일수록 북한 독재자의 행태는 외면한다.) 우리나라의 '독재자'들은 선거를 주기적으로 치렀다. 선거를 하면 정치인들이 결국은 국민의 눈치를 본다. 경제 발전에 신경을 쓰지 않을 수 없는 것이다. 중국에서는 지금도 선거가 없고(논쟁 여지가 있지만, 하부 단위에서는 공산당원이나 지도급 인사를 마을 단위에서 선거하는 경우가 있기는 하다) 북한에서는 수령은 세습(세기의 특채!), 이른바 '대의원 총선'에서는 후보자가 한 명만 나와서 찬반 투표를 한다. 대한민국 선거는 50년대, 60년대 부정선거 시비가 있기는 했지만 한 번도 거르지 않고 주기적으로 시행되었다. 이것은 한국의 경제 발전에 있어서 결정적인 요소였다. 어떤 독재국가에서라도, 언론의 자유권이 제한된 상태에서라도 선거는 그 자체로 엄청난 역할을 한다. 우리나라의 무인 정부는 선거를 철폐하지 않았다.

무인정권이 대기업 위주의 국가 주도 발전 전략을 세웠다고 비판하는 사람도 있다. 맞다. 하지만, 시대적 제약을 극복하기 위한 어느 정도 불가피한 조치였다는 점을 인정해야 한다.

후진국이 저발전의 질곡에서 벗어난다는 것은 상당히 어렵다. 가난한 나라는 계속 가난하고 부자 나라는 계속 부자로 산다. 극소수의 예외적 경우가 한국과 싱가포르다. 그렇다면 왜 부자 나라가 되기 어려운가. 민간인들은 발전을 위한 자본을 동원하거나 위험을 감수하려고 하지 않기 때문이다. 이 문제를 해결해 줄 수 있는 유일한 기구가 바로 국가(國家)다. 하지만, 독재자가 집권하는 나라에서는 이 문제를 해결해 줄 필요가 없다. 독재자 입장에서는, 이미 호의호식하며 살고 있는데 굳이 위험을 감수할 필요가 없는 것이다. 외국으로부터 차관을 들여와 나라의 경제 발전시키는 것은 그 자체가 모험이다. 실패 확률이 크기 때문이다. 그래서 대부분의 후진국 지도자들은 이런 위험감수를 하지 않고 무상원조에만 관심을 기울인다.

박정희 대통령은 국가가 수출에 대해 지급 보증을 해주는 식으로 대기업을 육성했다. 5공 6공도 이 기조에서 벗어나지 않았다. 이를 두고, 중소기업 위주의 타이완이 우리의 모델이었어야 했다고 말하는 분들이 계시다. 타이완에는 세계적인 자전거 제조사는 있지만 자동차 회사는 없다. 자동차나 조선, 석유화학같은 중공업은 거대한 장치산업이다. 엄청난 자본투자를 하고 상당한 시간을 기다려야 투자액 회수를 기대할 수 있다. 작고 가난했던 대한민국에서 거대 산업을 끌고 나갈 민간 기업이 있었을까? 엄청난 위험을 감수하려고 한 기업가가 있었을까? 당시의 민간인들에겐 이런 규모의 사업을 추진할 재정적 능력이 아예 없었다. 그래서 국가의 개입은 당위(當爲)였다. 이 당위적인 행동을 후진국 지도자들은 거의 하지 않았다. 2차 세계대전 이후, 대한민국 정도의 인구 규모를 가진 나라 중 우리만큼 경제 발전한 나라는 전무하다. 놀랍지 않은가?

3.

1987년 시위로 5공화국은 여야합의 개헌을 거쳐 6공화국으로 이어진다. '6월 항쟁'이다. 학생들과 시민의 시위가 정치적 승리를 불러온 것이다. 우리는 시위를 '분노에 따른 감정적 반응'으로 생각하는 경향이 있다. 그렇지 않다. 시위는 철저하게 계산된 행동이다. 특히 억압과 처벌이 무서운 나라에서는 시위 자체가 불가능하다. 북한이 현재 행사하는 국가폭력과 처벌의 강도를 생각해 보시라. 북한 주민이 보기에 시위는 어떤 경우에도 밑지는 장사다. 걸리면 죽는다. 자기만 아니라 주변 사람들도 다 죽는다. 그래서 저항을 포기하는 것이 합리적 선택이다.

알렉시스 토크빌이 이야기한 것처럼, 시위는 절망할 때 하는 것이 아니라 희망을 가질 때 하는 것이다. 프랑스 혁명부터 러시아 혁명, 미국의 인권 혁명까지 모든 시민운동에서는 희망을 가진 시민이 저항했다. 절망하는 자가 저항한 적은 없다. 대개의 경우, 경제적으로도 바닥을 쳤다가 올라갈 때 혁명이 일어났다.

시위를 하다 체포되는 경우를 생각해 보자. 시위 참가자는 처벌에 대한 위험 비용과 시위가 성공했을 때의 비용을 정밀하게 계산한다. 최소한 연좌제가 없어야 용감한 사람이 나올 확률이 높아지는 것이다. 자기 때문에 가족, 친구, 친지가 희생당한다고 생각하면, 괴로움 때문에라도 길거리로 나오기는 쉽지 않다. 시위는 본질적으로 다른 사람들이 볼 수 있도록 앞에 나서는 공개적인 행동이다. 물론 소극적 시위도 있다. 최근 어떤 세르비아의 민주화 운동가는 칠레의 혁명과 민주화 시위를 예로 들며 '최소한 북한에서도 천천히 걷기' 정도는 할 수 있지 않을까라고 썼다. 만약 북한에서 서너 명이 의도적으로 천천히 걷는다면 그들에게 무슨 일이 벌어질까? 바로 총살형이다. 칠레에서는 그런 고강도의 처벌이 없었기에 사람들이 행동에 나설 수 있었던 것이다. 피노체트에 저항하는 시민들이 천천히 걸었고 택시 기사들이 시속 10km~20km로 저속 운행했다. 벨라루스에서는 시민들이 정오에 공원에 모여 아이스크림을 먹었다. 중국에서는 대학생들이 백지를 들고 거리로 나왔다. 이런 시위마저도 북한에서는 불가능하다. 이런 사례들은 아주 사소하지만, 시민 사이의 연대성을 증명할 수 있는 행위다.

시위 같은 정치적인 행위에서 가장 중요한 고려 사항은 앞에서 말한 것처럼 '계산'이다. 계산에서 가장 중요한 변수는 바로 성공 가능성이다. 성공 가능성을 결정하는 핵심 요소는 '얼마나 많은 사

람이 참여할 것인가?'다. 참여 인원이 얼마나 될까 하는 기대가 중
요한데, 참가 예상인원을 추정하기 위해서는 사전에 시위 주동자
와 적극 가담자가 먼저 공개적인 행동에 나서며 자신들의 의도를
보여주어야 한다. 북한은(극단적이고 우리와 가까운 곳에 존재하는 집단이라
자꾸 비교한다) 시위라는 행위 자체가 극도로 위험한 행위이기 때문
에 '사전 행동'도 하지 못하는 것이다.

김일성 10대 원칙 중에는 '서로 선물을 주고받지 말라'는 것까
지 있다. 장성택이 숙청당한 이유 중엔 측근들과 술자리를 가졌다
는 것도 있다. 함께 술을 마시면 친밀감이 생성된다. 친해지면 뭉
치는 힘이 생기고, 정치적으로 세력화할 가능성도 자란다. 이건 독
재자의 입장에서는 절대로 용납할 수 없는 사태다. 독재자들은 그
래서 시민들의 원자화(原子化)를 획책한다. 사람 사이의 인간적인 끈
을 끊어야 정치적 소요가 일어나지 않기 때문이다. 선물을 주고받
으면 피차간에 고마운 마음이 생기고 정이 든다. 북한 독재자로서
는 용납할 수 없는 일이다.

5공 6공이 시위를 탄압했던 것은 맞다. 하지만, 정치학적 잣대
로 보자면, 탄압의 강도가 시위를 억압할 정도는 아니었다는 평가
도 가능하다. 시위대는 '전투 경찰이 최루탄을 쏠지언정 실탄은 절
대로 쏘지 않을 것'이라는 믿음이 있었다.

무인정권 시대의 결정적 특징이 하나 더 있다. 다른 나라와 비

교해서, 경제성장을 통한 부의 분배가 평등하고 균형적으로 이루어졌다는 사실이다. (유토피아적 이상론은 기준이 될 수 없다!) 영국의 경우 상위 1%의 재산이 하위 55%와 비슷하다. 상위 10%가 가계 자산의 44%를 소유하고 있는 반면, 하위 50%의 자산 비율은 9%에 불과하다. 미국은 상위 1%의 소득이 국가 총소득의 20% 정도다. 세계에서 가장 빈부격차가 심한 나라는 중국이다. 지니계수가 0.55를 넘는다. 당장 폭동이 일어나도 이상하지 않은 정도라고 한다. 대한민국의 지니계수는 0.3이다. 상위 20%와 하위 20%의 격차가 5.23배에 '불과'하다. (일본은 우리보다 빈부격차가 적다.)

4.

그 시절에 대한 종합적 판단은 독자 여러분의 몫이다. 무인정권 시대에 '운동권'으로 사셨던 분들을 지켜보며 소생 한 신문에 기고했던 칼럼이 있다. 이 장(章)의 마무리로 대신한다.

2009년 4월 22일자 조선일보 사설은 좌파 인권단체들에 '북한 인권 문제를 좌우 이념의 틀이 아닌 인류 보편의 인권이란 관점에서 접근하라'며 점잖게 충고했다. 하지만 이 충고는 소의 귀에 불경을 읽어준 것이나 비슷하다. 좌파 인권단체들에는 사실을 인정하고 잘못을 바로잡는 '최소한의 양식'이 없기 때문이다. 그들은

'인류 보편의 인권'에는 관심이 없다. 오직 자신들의 이익에만 관심이 있을 뿐이다.

우파 안에도 다양한 스펙트럼이 존재하듯이, 좌파 인권단체도 두 종류로 대별할 수 있다. 정치적 이익을 추구하는 극좌종북(極左從北) 단체와 경제적 이익을 추구하는 좌파 상업주의 집단이 그 면면이다. 극좌 종북단체는 북한 당국과 철저히 의견을 같이하며, 북한에 아예 인권 문제가 존재하지 않는다고 보는 사람들이다.

한국의 극좌 종북단체들은 북한 정치범 수용소에 갇혀 계속되는 고문과 강제노역에 시달리는 생명체들을 인간으로 보지 않는다. 노예라고 생각한다. 노예에게는 인권이 없다. 문제 자체가 없는데 어떻게 문제제기를 하고 나아가 이를 거론까지 할 수 있단 말인가.

이와는 달리, 좌파상업주의자는 '시장친화적 경제인식'을 가지고 있다. 그들에게는 인권문제가 영원한 밥벌이 수단이다. 따라서 대의니 명분이니 하는 문제에 신경 쓰지 않는다. 남이야 전기고문을 당하건 말건, 철삿줄에 코를 꿰어 맨발로 본국으로 송환되건 말건, 초등학교 담임교사가 1·2학년짜리 학생들을 인솔해서 공개사형 광경을 강제로 참관시키건 말건 아무런 관심이 없다. 돈벌이가 되지 않기 때문이다. 좌파상업주의자들이 '진짜로' 분노를 표하는 경우가 없는 것은 아니다. 남들이 북한 인권문제를 제기할 때다. '정의'의 생산 유통 및 판매를 독점하는 것만큼 수지맞는 장사가 없는데, 독과점 사업자라는 지위가 흔들려서는 안 되기 때문이다.

좌파 상업단체들은 타의 추종을 불허하는 '선택적 선별력'이 있다는 점도 분석 사항이다. 대한민국의 가장 나쁜 점과 북한의 가장 좋은 점을 억지로 골라내어 이를 동일한 기준으로 비교하는 놀라운 능력을 보이는 데는 이들만큼 전문성을 갖춘 집단이 없다. 대한민국은 잘못을 지적하면 돈을 내는 사람이 있고, 북한은 아무리 잘못을 지적해 봐야 돈을 내는 사람이 전혀 없다는 것을 잘 알고 있는 것이다.

불의는 참아도 불이익은 못 참는, '생각은 좌파처럼 생활은 우파처럼(thinking left living right)' 영위하는 사람들과 주체사상이라는 사이비 종교의 포로가 된 자들은 어떤 경우든 북한 인권에 관심을 두지 않는다.

키워드 열하나

·

또 다른 조선, 북한

1.

왜 북한 이야기를 하는가?

성리학(性理學) 때문이다. 한반도 남쪽에선 사농공상 신분질서가
사라지고 현대국가가 들어섰지만 아직도 정신승리의 성리학 왕국
이 이어지는 지역이 있다. 북한이다. 북한식 극도의 위선적 명분론
은 전근대적 조선왕조의 지배이념의 현대적 변용이다.

리(理)와 기(氣)로 한국사와 한국 사회를 해석한 오구라 기조의
《한국은 하나의 철학이다》를 인용한다.

"위정척사에서 조선은 고귀한 주인이고 서양은 비천한 종복이
다. 조선은 순선(純善)하고 서양은 잡박하다.

'리'인 조선이 주재하면 우주가 평안하게 되는데, 어찌 '기'인 서

양이 주재자가 될 수 있겠는가.

이러한 '리'와 '기'의 세계관을 국가의 근본 이데올로기로 정식화한 것이 북한이다.

북한의 '사회정치적 생명체론'은 인간의 생명을 육체적 생명과 사회정치적 생명으로 나누어 설명한다.

전자는 '기'의 생명이고 후자는 '리'의 생명이다. 당연히 후자가 더 중요하다.

인간은 육체적 생명을 부모로부터 받지만 이것만으로는 진정한 인간이라고 할 수 없으며 자주성을 가진 인간이 되기 위해서는 혁명도덕에 충실한 사회정치적 생명을 어버이 수령 김일성에게 부여받아야 한다는 얘기다.

육체적 생명으로 사는 자는 저열하고 사회정치적 생명으로 사는 사람은 국가의 주인이다.

이것이 바로 북한이라는 리기사회주의 국가의 사상적 완성체다."

식민지 지배로부터 해방되자 한국에서는 미국을 '님'으로 인식하는 시대가 시작되었다. 이때의 '리'는 자유주의, 민주주의, 자본주의였다. 이승만 정권, 그 후의 군사정권 혹은 군인 출신 대통령 시대에는 아무리 경제 발전이 눈부시더라도 자유와 민주주의라는 '리'가 결여되어 있다는 이유 때문에 정권의 정당성은 언제나 상처투성이였다.

〈리의 역사=이상적인 역사=진짜 역사=가상의 도덕적 역사〉, 유교 사회에서 이 역사의 파워는 거의 상상을 초월할 정도이다. 예를 들면 '가상의 도덕적 역사'는 법을 초월한다. 전두환과 노태우 전 대통령은 김영삼 대통령 시절에 법을 소급하여 적용받아 각각 사형, 무기징역 선고를 받았다. 이것은 서양의 법 개념에서는 있을 수 없는 일이지만, 이상적인 가상의 도덕적 역사(正義)로 더럽혀진 현실의 역사(不正義)를 바로잡는다고 하는 유교적 관점에서는 전혀 이상할 게 없다. 서양적인 법의 원리에는 위배되지만 유교적인 가상의 도덕적 역사관에는 합치된다.

박정희 대통령은 경제활동이라는 리(利)적인 행위에 조국 근대화, 자주 경제 수립, 수출 입국이라는 민족주의로서의 '리'를 부여하는 데 성공했다. 이것은 똑같이 자립적 민족경제 수립을 제창한 북한에서 리(利)적인 행위를 봉쇄하고, 주체사상이라는 일원적인 '리(理)'로 사회를 고착화시킨 것과는 대조적이었다.

[이처럼] '리'와 '기'의 세계관을 대담하게도 국가의 근본 이데올로기로 정식화한 것이 북한이다. 이것을 사회정치적 생명체론이라고 한다. 이 논리는 먼저 인간의 생명을 육체적 생명과 사회정치적 생명으로 나누어 설명한다.

인간은 모두 자신의 육체와 육체적 생명을 부모에게 받는데, 이 것만으로는 진정한 인간이라고 할 수 없다. 참으로 자주성을 갖고 삶의 보람이 있는 인간이 되기 위해서는 혁명 도덕에 충실히 살아가는 사회정치적 생명을 지니지 않으면 안 된다. 그리고 이 영원한 사회정치적 생명을 부여하는 것은 '어버이 수령'인 김일성이다.

여기에서는 인간의 생명을 육체성과 도덕성으로 양분하고 있다. 전자는 '기의 생명'이고 후자는 '리의 생명'이라고 할 수 있다. 그리고 전자보다 후자 쪽이 더 중요하다고 말한다.

〈기의 생명=육체적 생명〉으로만 사는 자는 저열하고, 〈리의 생명=사회정치적 생명〉으로 사는 자야말로 국가의 주인이다. 이것이 바로 북한이라는 리기(理氣)사회주의 국가의 사상적 완성체였다.

자, 그렇다면 북한은 어떤 곳인가?

2024년 현재, 아직도 북한이 좋다는 사람들이 있다. 그들이 주야장창 내세우는 근거가 있다. 북한은 주택, 의료, 교육이 무상(無償)인 지상천국이며, 다소 가난하지만 모두들 인간답게 살고 있는 '사람 냄새나는 곳'이라는 것이다.

일단 '인간답게' 살 수 있는지 의문이다. 1990년대 중후반 고난의 행군 시절, 약 80만~300만의 북 주민이 굶어 죽었다. 굶다 못해 개, 뱀, 쥐 등을 잡아먹었다. 심지어는 자기 자녀나 노모를 잡아먹는 가정이 속출했다는 기록도 있다. 이것이 친북파들이 말하는 '인간답게 사는 사람 냄새나는 곳'인지는 모르겠다. 무상(無償)에 대해서도 할 말이 많다. 탈북민들이 남한에 와서 가장 놀라는 것이 있다. 전기와 수도다. 북한에서는 하루 전기 들어오는 시간이 3시간 미만이다. 그것도 사정이 좋은 날에 한해서다. 명절 때는 전기 공급이 다소 늘어나는데, 이를 '배려 전기'라고 한다. 수돗물은 거의 나오지 않는다. 공동 우물을 파든 강에서 길어다 먹든 대부분 생활용수는 자체 조달해야 한다. 평양 시내 20층 아파트 거주자인 경우 매일 물지게를 지고 20층까지 몇 차례 오르내려야 한다. 이런 사정이 만연하기에 물 한 컵으로 세수·양치질·빨래·용변을 한꺼번에 해결하는 '물 아껴 쓰는 요령'이 텔레비전 프로그램으로 제작·방송된 적도 있다.

그동안 이렇게 살아온 사람들에게 남한의 '전기와 수도를 마음대로 쓸 수 있는 환경'은 놀라움 자체다. 배정 주택 입주 첫날에, 24시간 전기 들어오는 것이 신기해서 밤새 불을 켜고 잠들었다는 사람도 있다. 정말로 전기가 끊어지지 않는지 확인하고 싶었던 것이다. 수도꼭지만 틀면 찬물뿐 아니라 더운물까지 콸콸 나오기에, '탈북자라고 나만 배려해서 더운물을 쏴주나'라고 생각했다는 사람도 있다.

이렇듯 모든 분야가 다 엉망이지만, 대표적으로 '무상 의료' 이야기를 해보자. 이른바 '북한 헌법'에도 자랑스럽게 적어놓은 '업적'이기 때문이다.

북(北) 모성사망률은 남(南)의 8배다. 이것 하나만 봐도 북한의 의료체계는 사실상 붕괴했다. 1990년대 중·후반 '고난의 행군' 이후 벌어진 일이다. 그 후로 20여 년이 지났지만 상황은 오히려 악화 일로다. 이영종 《중앙일보》 통일문화연구소장에 따르면, 북한의 모성(母性)사망률이 신생아 10만 명당 82명에 달해 남한의 11명보다 8배가량 높다고 한다. 2008년 10만 명당 77.2명에서 더 높아진 수치다. 모성사망률은 임신이나 출산 직후 관련된 질병으로 여성이 사망하는 비율을 말한다. 유엔인구기금(UNFPA)의 〈2017 세계인구현황보고서〉를 인용해 최근 공개한 한국보건사회연구원의 〈북한 영유아 및 아동 지원 사업 네트워크 구조와 발전 방안〉 보고서에 나온 통계다.

최근 평양의 병원을 방문한 한 인사의 목격담도 충격적이다. 보훈을 위한 병원으로 북한이 그래도 신경을 쓰는 곳이다. 그럼에도 그 병원에서 사용하는 수액병이 일제 맥주병이었다. 사정을 알아보니 일제 맥주병이 북한산 수액병에 비해 유리가 훨씬 더 강하고 위생적이어서 끓는 물에 소독해 다시 사용하는 것이다. 철제 침대는 대부분 칠이 많이 벗겨지고 녹슬어 관리를 제대로 하고 있는지 의문이었다.

외국에서 보내준 고가(高價)의 의료장비도 '놀고' 있었다. 북한 의료진은 "장비를 다루는 교육의 부재(不在)와 전기 문제가 겹쳐서 일어난 일"이라고 했다.

북(北) 의사들이 먹고사는 법에 대해서도 돋보기를 들이대 보자. 2017년 11월 판문점 공동경비구역(JSA)을 탈출해 귀순한 북한 경비병 오청성 씨 경우도 북한 의료 수준의 민낯을 드러낸 것이다.

아주대병원에서 오씨의 총상을 치료할 때 27cm에 달하는 기생충이 나왔다. 남한에서는 구충제 몇 알로 간단히 해결할 수 있는 문제였다. 핵심계층의 자제들만 고르고 골라 배치하며 식생활 등 처우가 좋다는 JSA 병사가 이 정도라면 119만 북한군 병사나 일반 주민의 상태는 어떨지 불문가지(不問可知)다. 영화 〈크로싱〉에서 주인공이 탈북한 이유는 아내의 결핵약을 구하기 위해서였다. 북한에선 결핵약을 구하기 위해 온갖 고초를 겪지만, 남한에선 보건소에 가면 결핵약을 무료로 나눠준다.

이영종 소장에 따르면, 북한 의료보건정책의 특성은 크게 무상치료제와 의사담당구역제, 고려의학(한의학) 중시정책으로 나눌 수 있다. 그런데 지금은 어떤 시스템도 제대로 작동하지 않는다. 북한의 만성적 경제난이 만난의 근원이다. 의약품과 의료장비는 많이 모자라고, 방역체계를 갖출 수 없어 환자가 늘어나는 악순환이 이어진다.

북한에서는 일단 병원이 턱없이 부족하다. 교통수단도 열악하지만 그럼에도 수술이 필요한 환자가 생기면 가족들은 달구지든 자전거든 온갖 수단을 동원해 병원에 도착한다.

문제는 그다음부터다. 일단 수술 날짜와 시각을 잡기 위해 의료진에게 로비를 해야 한다. 북한은 '보건일꾼(의사)'들에게 도덕성과 희생을 요구한다. 하지만 대우는 일반 노동자와 큰 차이가 없다. 공산주의에서는 노동의 품질이나 전문성보다 '노동에 들어간 시간'이 더 중요하기 때문이다. 단순 일용직의 한 시간과 의사의 한 시간은 같은 대우를 받는다. 그래서 북한의 의사는 노동강도에 비해 수입이 형편없는 3D 업종이다. 그렇다고 장마당 장사를 할 수도 없다. 공장 노동자들은 관리자에게 뇌물을 주고 출근한 것으로 한 뒤 다른 일을 볼 수도 있지만, 보건일꾼들은 자리를 지켜야 한다. 수술실이 쉽게 옮길 수 있는 물건도 아니니 '개인영업'을 할 수도 없다. 월급만 가지고는 쌀 몇 kg밖에 살 수 없다. 생존이 불가능하다.

그래서 병원 내부에서 거래를 한다. 먼저, 환자들의 입·퇴원을 결정하면서 뒷돈을 받는다. 환자 가족은 수술 날짜가 잡히면 보건일꾼들을 따로 불러 푸짐하게 한 상 대접하고, 수술 후 인사로 담배나 술 등을 별도로 챙겨주는 것이 북한 사회의 상식이다.

각종 진단서 발급도 돈벌이 수단이다. 진단서는 군대나 노동단련대에서 합법적으로 쉬운 보직을 받을 수 있는 '마법의 종이'다. 회사 간부에게 돈을 바치느니 진단서를 받아 합법적으로 결근하는 것이 더 낫다는 노동자들도 많다.

의사와 암시장 결탁도 문제다. 병원에는 의약품이 없다. 당국에서 배급한 의약품을 밀반출해 보건일꾼 개개인이 수입을 올리는 것은 비밀도 아니다. 어차피 당국이 배급하는 의약품은 기초적인 물품이며 수량도 적다.

환자들도 병원에 자신에게 필요한 의약품이 있으리라 기대하지 않는다. 수술 날짜가 잡히면 간호사들이 가족에게 수술 전후에 필요한 의약품, 수술 중에 필요한 의약품을 적은 쪽지를 준다. 만일에 대비해 필요한 수량보다 더 많은 양을 주문하지만, 환자 가족 처지에서는 전문지식이 없어 모르기도 하고, 설령 안다고 해도 따질 수 없다. 마취약이 없다는데, 당장 수술이 필요하다는데, 환자의 고통이 어떨지 뻔히 알면서 보건일꾼들에게 대들 수는 없는 노릇이 아닌가.

보건일꾼들은 어디 어디로 찾아가면 파는 곳이 있다며 주소를 알려준다. 당국을 통해서는 구하려야 구할 수 없는 약품이라는 걸 보건일꾼들도 알고 환자 가족도 안다. 오히려 환자 가족은 이런 방법으로라도 필요한 약품을 구할 수 있다는 사실에 감사한다. 암시장의 의료품 판매상은 판매이익을 보건일꾼들과 나눈다.

여기가 끝이 아니다. 북한에서는 의사들이 수술 전날 가족에게 반드시 하는 말이 있다. "수술 도중 전기가 끊어질 수 있으니 그 점을 미리 알고 계시라." 그래서 환자 가족은 수술시간이 잡히면 또 뇌물을 들고 변전소(變電所)를 찾아간다. 수술하는 동안 수술실 전기가 끊어지지 않도록 손을 써두어야 하기 때문이다.

천신만고 끝에 수술을 마치면 그때부터 퇴원할 때까지 보건일꾼들을 모셔야 한다. 주요 약품이 없어 수술 후 환자 사망률이 증가하기 때문이다. 주사기는 물론 심지어 피고름이 묻은 붕대까지, 모든 의료용품을 '재활용'하는 것이 북한의 현실이다. 살아나오기 위해선 수술 후에도 수술 전 못지않은 온갖 정성이 필요하다. 겨울에는 난방도 문제다. 북한 병실 가운데는 실내온도가 영하인 곳이 부지기수다. 여유가 있다면 병실뿐 아니라 보건일꾼들의 사무실 난방도 환자 가족이 신경 써야 한다.

이것이 탈북민들이 이구동성으로 전하는, 북한 당국이 자랑하는 '무상(無償)의료제'의 민얼굴이다.

그래서 탈북민들은 한국 병원에 다녀와서 깜짝 놀란다. 먼저 시설이 깨끗하고 위생적이며 의약품이 넘쳐나서 놀란다. 무엇보다 주사기 등 각종 의료용품을 '한 번 쓰고 버리는' 것을 이해하지 못한다. 한번 수술받고 나면 남한에 오기 잘했다는 생각과 체제에 대한 충성심이 한없이 커진다. 완전히 망가진 북한의 의료현실과 남한의 시스템이 곧바로 비교되기 때문이다.

2.

말이 난 김에 북한의 전기(電氣) 이야기도 해보자. 소련 성립 이후 '사회주의는 전기다'라는 말은 모든 공산국가의 슬로건이었다. 주민들에게 아낌없이 전기를 쓰게 하는 문명사회가 자기들이라는 선전이었다. 과연 그럴까?

북한에서 ××라는 욕으로 불리는 3대 직종이 있다. 보위부 ×

×, 안전부 ××, 배전부 ××다. 보위부는 사람을 자꾸 잡아가서, 안전부는 장사를 못 하게 해서, 배전부는 불(전기)을 안 줘서 사람들이 욕을 한다.

소련이 망하기 이전만 해도 북한의 전력(電力) 사정은 나쁘지 않았다. 하루에 한두 시간 정도만 전기가 나갔다. 지금은 다르다. 1980년대 말부터 전력 사정이 급격하게 나빠졌다. 하루 한 시간이라도 불이 들어오는 데는 사정이 나은 곳이다. 3일 만에 1시간 전기가 공급되는 지역도 부지기수다. '배려전기' '명절공급 전기'라는 말이 있을 정도다.

평양이라고 예외가 아니다. 정전(停電)이 되면 평양 시내 대부분이 암흑이 된다. 가장 심한 소동이 벌어지는 곳은 지하철 안이다. 사람들은 일단 차 밖으로 나와 승강장에서 다시 전기가 들어오기를 기다린다.

이때 성(性)추행이 빈번하게 일어난다. 깜깜해서 아무것도 보이지 않는데, 이때 남자들이 젊은 여성을 막아선다. 그리고 손 건사를 하지 못한다. 여성들의 대응책은 옷핀이다. 일명 벌침이라고 한다. 정전이 되면 옷핀을 양손에 쥐고 사방에서 들어오는 손들을 사정없이 찌른다. 비명을 지르면 들통나기에, 찔린 사람은 끙끙거리며 참는 수밖에 없다.

고층 아파트도 문제다. 퇴근 후 바로 집에 안 들어가고 아파트 1층 마당에서 시간을 보내는 사람이 많다. 20층을 걸어서 올라가

느니, 잠깐이라도 전기가 올 때 엘리베이터를 타고 가려고 대기하는 것이다. 과학자거리에 있는 50층 아파트는 더 문제다. 어쩐 일인지는 모르지만, 전기가 와도 엘리베이터는 20층까지만 운행하고 그 위층으로는 다니지 않는다. 맨 꼭대기 층인 50층에 거주하는 주민은 30층을 걸어 오르느냐, 50층을 걸어 오르느냐의 선택밖에 할 수 없다. 평양 시내 한복판에 사는 노인 가운데, '땅 한번 밟아보고 죽는 것이 소원'이라는 분이 많은 이유다.

어쩌다 전기가 와도 문제가 있다. 전압(電壓)이 고르지 않으니 전구며 가전(家電)제품이 많이 상한다. 백열전구가 하얗게 빛나다 붉은색으로 변한 뒤 폭발하듯 깨지곤 한다. 북한식 표현으로 '수수떡 전구'다. 깨진 전구를 기울여서 꽂아놓으면 텅스텐 선이 이어지며 3~4일은 더 버틴다고 한다. 전구는 개당 강냉이 1~2kg을 줘야 살 수 있는 고가품(高價品)이기에, 전구를 사느니 불 없이 살고 차라리 밥을 한 끼 더 먹자는 사람들도 많다. LED 전구라고 예외가 아니다. 반도체 소자 있는 부분이 까맣게 타며 축포처럼 터져버리는 경우가 흔하다. TV나 컴퓨터 모니터는 들어오는 데 시간이 한참 걸리고, 전압이 변하는 것에 따라 화면 양옆에 까만 줄이 생기거나 상하좌우로 늘어나고 줄어들기를 반복한다. 전기에도 품질이 있는 것이다. 대한민국에서 생활한 탈북자(脫北者)들의 입에서 "220V 전기가 하루 종일 만땅으로 들어오네!"라는 감탄이 이구동성(異口同聲)으로 터져 나오는 이유다.

북한에서는 전기를 쓰는 것이 능력과 권력의 상징이다. 중앙당 아파트나 전력공업성 간부가 사는 지역에는 전기가 24시간 끊이지 않는다.

김 부자(金父子) 동상 주변도 전기가 잘 들어온다. 일반선이 아니라 기념탑선이기 때문이다. 아무리 낡았어도, 동상 주변 집값이 비싼 이유다. 배전부선, 무선국 방송선도 비교적 전기를 잘 받는다.

뇌물을 주면 따로 전기를 공급받을 수도 있다. 이것을 '독선'이라고 한다. '독선 끌어다 쓰는 집' 주변에서는 '코걸이'를 통해 몰래 전기를 훔쳐 쓰는 사람이 생긴다. 전기 주인은 나무 막대기를 가지고 선을 따라 누가 도둑인지 찾는다. 돈을 내고 쓰라는 뜻이다. 독선은 '비(非)사회주의'다. 뇌물을 통해 이뤄지는 범법(犯法) 행위다. 그래서 독선 주변에서 갑자기 전기소비량이 늘어나면 위에서 눈치를 채고, 여러 사람이 처벌을 받는다.

사정이 이러하니, 집마다 필수적으로 갖추어야 할 장비가 있다.

먼저 발동발전기다. 디젤용은 소음이 심하고, 휘발유용은 유지비가 많이 들지만 소음은 덜한 편이다. 자체적으로 전기를 생산하는 기계다. 지방에서는 돈이 아무리 많아도 전기를 사용할 수 없는 곳이 많기에 자력갱생(自力更生)을 하는 것이다.

다음은 변압기다. 아랫동네 제품(220V)과 본산제(일제·110V)용 변압기를 따로따로 장만하는 것이 좋다. 공급되는 전기의 양(量)이 제한적이기에, 어쩌다 전기가 올 때는 변압기 용량이 큰 집이 절대적으로 유리하다. 어느 집 변압기 성능이 좋은지는 금방 표시가 난다. 창문마다 비치는 불빛 색깔이 다르기 때문이다. 불빛이 흰색에 가까울수록 잘사는 집이다. 이런 집에서 전기밥가마를 켜면 우리 집으로 오는 전기가 줄어들며 전구의 색깔이 수수떡 색깔로 변한다.

그래서 정전 때 불을 켜거나 전기 뺏어가는 집은 질투와 감시의 대상이 된다. 몰래 한국 드라마를 보지는 않는지, 중국과 한국에 전화질은 안 하는지, 가족 아닌 여자가 드나들지는 않는지, 혹시 양담배질은 안 하는지를 주변 사람들이 눈을 부릅뜨고 지켜보며 신고한다. 프라이버시가 없는 북한에서 남의 집을 들여다보는 것은 흉이 아니다. 특히 지방에는 울분에 찬 젊은이들이 많기에, 사고를 당하지 않으려면 전기 사용에 각별히 주의를 기울여야 한다.

과전압(過電壓)차단기도 필수 장비다. 전구가 깨지는 것이야 그럴 수 있다 해도, 전자제품이 망가지는 건 참을 수 없는 일이기 때문이다.

컴퓨터 사용자에게는 UPS(Uninterruptible Power Supply)도 필수품이다. 안정된 교류(交流)전력을 공급하는 장치로, 갑자기 정전이 되더라도 15분간은 컴퓨터가 꺼지지 않도록 지켜주는 도구다. '삐~삐' 하는 경보음이 울리는 동안, 서둘러 자료를 백업해야 한다.

UPS는 단속을 피하는 데도 유용한 장비다. 한국 드라마 보는 집을 찾는다고, 아예 아파트 배전반을 내려놓고 집마다 들이닥쳐

수색하는 놈들이 있다. CD 알판이 기계 안에 남아 있으면 꼼짝없이 당하는 것이다. 그래서 UPS가 중요하다.

그렇다. 북한(北韓)은 도무지 알 수 없는 사회다. 앞서 말한 고난의 행군 시절, 그만큼 대규모 아사자(餓死者)를 냈다면 그 사회는 무너졌어야 옳다. 문명사회의 기준으로는 더 이상 버티기 힘든 임계점(臨界點)을 한참 전에 지났는데도 북은 그럭저럭 버티는 중이다. 그래서 궁금하다. 북한은 왜 망하지 않는가? 21세기 대명천지(大明天地)에 북 지배층은 어떻게 대다수 주민을 노예처럼 부릴 수 있는가? 시위(示威)나 폭동(暴動)이 일어나지 않는 이유가 있나? 붕괴할 가능성은 있나? 붕괴한다면 언제인가?

3.

계명대 한병진(韓炳震) 교수가 이 질문에 대한 명쾌한 답을 했다. 《수령, 독재의 정석-비교정치로 알아가는 수령제의 내구성》이라는 저서를 통해서다. 한 교수는 북한 엘리트들 사이의 코디네이션(coordination), 그러니까 조정(調整)이라는 개념을 중요하게 봐야 한다고 했다. 북한식 권력구조, 권력투쟁 하에서는 줄을 잘못 서면 모든 걸 잃는다. 지위, 명예, 돈, 심지어는 가족 전부와 친인척, 지인들도 사라진다. 이 경우, 정치적 사안에 대해 자신의 개인적인 호불호가 중요한 것이 아니다. 살아남기 위해서는, 누가 권력을 잡고 있느냐에 자신의 선택을 맞추어야 한다. 김씨 족속을 정말 좋아해서가 아니라, 다수가 그들을 지지하기 때문에, 지지하는 것처럼 보이기 때문에 지지하는 것이다. 살기 위해서, 혹은 출세하기 위해서. 이것이 바로 조정이다.

한 교수에 따르면, '덕치(德治)'라는 전 근대적 개념도 북한을 이해하는 중요 키워드다. 북한은 사유재산이 없는 사회다. 경제적 평등을 지향한다면서 경쟁을 없앴다. 그 자리를 채운 것이 덕치라는 것이다. 여기서 말하는 북한식 덕치는 공자(孔子)가 말한 개념이 아니다. 누가 주체사상에 투철한가, 말과 행동을 통해 충성심을 과시하느냐가 중요한 사회라는 뜻이다. 무슨 뜻인가? 현대자본주의 국가에서는 능력주의가 희소 자원을 배분하는 기준이다. 공산주의의 기준은 '공산주의자로서의 덕'이다. 마르크스가 이야기했던 것처럼, 사람들은 '높은 지위'를 원한다. 하지만 이것은 아주 희소한 자원이다. 언제나 자리는 적고, 하려는 사람은 많다. 그래서 이것을 어떻게든 분배해야 하는데, 북에서는 수령에 대한 충성의 정도가 기준이 된다. 문제는, 이러한 절대적 충성, 소위 정치적 덕(德)을 어떻게 판단할 것이냐. 결국 윗사람의 자의적인 판단에 모든 것이 맡겨질 수밖에 없다는 말이다. 덕(德)을 가지고 경쟁하면 사람들이 덕스러워지지 않는다. 오히려 아첨과 인맥을 통한 부정이 난무할 뿐이다.

누가 더 나은 주체사상형 인간이냐, 누가 더 사회주의적인가를 최종 목표로 삼는 순간 덕치는 오히려 주민들의 위선을 자극할 뿐이다. 사람들은 동물과 다르게 위장을 할 수가 있기 때문이다. 속으로 다른 마음을 가지더라도, 자기에게 이익이 되는 쪽으로 겉모습을 포장할 수가 있는 것이 인간이라는 종(種)의 특성이다. 엄청난 인센티브가 있는 상태라면 당연히 '덕스러워 보이는 행동'을 하게 된다. 그런 짓을 계속하고 오랫동안 경험하면서 내면(內面)이 냉소적으로 변하는 것이다.

공산주의는 필연적으로 부패할 수밖에 없다는 사정도 있다. 부패는 공산주의의 본질이다. 북한에서만 통용되는 '물리학의 법칙'이 있다. 제3법칙, 고이면 움직인다. 제4법칙, 움직이는 거리는 고인 양에 비례한다. 탈북자들로부터 들은 이야기다. 뇌물공화국? 앞서 이야기한 것처럼, 북에서 사람을 승진시키고 귀한 물건을 나누는 기준은 능력이 아니다. 정치적 덕이다. 이 때문에 사람들 사이에선 짬짬이가 광범위하게 이루어진다. 다시 말해 '원칙을 무시하는 행동'이 사회 전반에 광범위하게 퍼질 수 밖에 없는 것이다. 북한이 배급 체제를 포기한 것은 벌써 한참 전이다. 이런 상태에서 국가 관료가 돈을 벌 수 있는 길은, 정확히 말해 먹고살 문제를 해결할 수 있는 길을 하나다. 장마당으로부터 이제 수익을 공유하는 것이다. 북한 고급 근로자의 월급은 북한 돈 5,000원이다. 환율은 공식환율이 1달러 당 100원, 암시장 환율은 2024년 초 현재 8,500원 내외다. 쌀은 1kg에 5,000원 쯤 한다. 예전에 이 월급으로도 먹고 살 수 있었던 것은 첫째, 소량이나마 배급이 나왔고 둘째, 국영 상점에 가면 국정가격으로 물건을 팔았기 때문이다. 지금은 배급이 끊어졌고, 국영 상점에도 물건이 없다. 그래서 뇌물과 부패에 의존하지 않으면 생존이 불가능하다.

그렇다면, 북한의 부패는 어느 정도일까?

안전원은 안전하게 먹고

당원은 당당하게 먹고

보위부는 보이지 않게 먹고

군대는 군데군데 먹고

검사는 검소하게 먹는다.

북한 전역에 널리 퍼진 말이다. 거의 국민가요 수준이라고 한다. 북한은 뇌물공화국이다. 걸린 것을 봐달라거나, 기타 개인의 민원을 뇌물로 무마하는 정도가 아니다. 사회 전체가 뇌물로 작동하는 수준이다. 그래서 뇌물을 뇌물이라 하지 않고 '사업비'라고 한다.

예를 들어보자. A라는 공장이 있다. 중앙에서 원자재를 대주지 않으니 생산은 불가능하다. 아예 공장을 돌릴 수 없는 지경이다. 그래도 어떻게든 책임 할당 생산량은 채워야 한다. 그래야 처벌을 받지 않는다. 위에서는 '자력갱생'의 정신을 강조한다. 말하자면 '무슨 수를 쓰든 너희들끼리 알아서 만들어내라'는 강요다.

직원 B는 공장장에게 뇌물을 고인다. '이 돈을 받고 출근한 것으로 해 달라'는 뜻이다. 조금 더 뇌물을 고이면 공장 명의의 출장서를 발급받아 합법적으로 다른 지방을 오갈 수 있다. 거주이전은 물론이고, 여행의 자유조차 없는 북한에서 합법적 여행증명서는 상당한 이권이다. 마음 편하게 넓은 지역을 다닐 수 있기 때문이다. 단속을 피하기 위해 신경을 쓰고, 단속에 걸려 뒷돈을 찔러 주느니 차라리 이 편이 싸게 먹힐지도 모른다.

B가 하는 일은 개인 장사일 수도 있고 되거리(도매)일 수도 있다. 국내 소도매, 유통 등을 하기도 하고 때로는 중국과의 밀무역에 나서기도 한다. 취급 물품도 약초·버섯·잣 등 덜 위험한 것부터 금·파철·구리·마약·골동품·한국 드라마 CD·USB·스마트칩 등, 걸리면 생명에 지장을 주는 것까지 다양하다. 때로는 해외동포들의 의뢰를 받아 그들의 친인척을 중국까지 안내한다. 북한으로 돌아오는 민간 이산가족 상봉 용역 서비스를 제공하기도 한다.

취급 품목은 시류를 타기도 한다. 미군 유해발굴이 시작된 뒤에는 (미군)군번표가 고가(高價)에 거래되는 상품이 되었다. 이런 개인 활동을 통해 B는 가족의 생활비와 다음달에 공장장에게 고일 뇌물, 그리고 장사하는 도중에 사방에 틈틈이 찔러 주어야 하는 사업비를 마련한다.

공장장 C는 직원들에게 받은 뇌물을 4등분한다. 하나는 개인 수입이다. 두 번째는 상급기관에 올려보내는 상납금이다.

세 번째는 정치일꾼들에게 바치는 돈이다. 북한의 모든 기관은

2중 명령체계다. 고유한 업무계통 지휘체계와 사상을 담당하는 정치적 지휘체계가 공존한다. 공장이라면 생산을 담당하는 라인과 직원들의 사상을 관리감독하는 라인이 있고, 군(軍)이라면 전투를 담당하는 라인과 군인들의 사상을 담당하는 라인이 공존하는 식이다. 당연히 정치 쪽 파워가 강할 수밖에 없다. 이들이 특정인에 대한 비판적인 보고서를 위에다 올리면, 실적이 아무리 좋아도 숙청을 면하기 어렵기 때문이다.

북한에서 능력은 중요하지 않다. 김씨 일가에 얼마나 충성하느냐가 출세의 기준이다. 개인의 충성도를 평가하고 위에다 보고하는 것이 바로 정치라인이 담당하는 중요한 업무 가운데 하나다. 말하자면, 정치라인이 출세와 처벌의 목줄을 쥐고 있는 것이다. 북한의 모든 기관에는 그래서 실무와 정치 양대 라인의 보이지 않는 갈등과 고급인력들인 전문가들의 불만이 내재되어 있다.

C가 유능한 공장장으로 평가받으려면, 해야 하는 일이 하나 더 있다. 직원들이 고인 뇌물을 모아 장마당으로 가서 '생산품'을 마련하는 일이다. 이렇게 마련한 생산품을 '납품'하면, 서류상으로는 모든 직원이 출근해서 책임할당량을 차질 없이 생산한 것이 된다. 겉보기에는 아무런 문제가 없는 것이다.

북한의 고급 음식점 옥류관. 돈 이외에 '배급표'도 있어야 식당에 들어가 음식을 사 먹을 수 있다. 뇌물은 뇌물을 고이고도 그 이상의 이익 실현이 가능할 때 작동한다. 어느 경제학자는 "국민소득이 1,000달러인 나라의 소비 수준이 3,000달러라면, 2,000달러 규모의 지하경제가 있다고 보아야 한다"는 말을 했다. 북한의 공식 환율은 2018년 현재 1달러당 북한 돈으로 약 108원이다. 암달러 시장에서는 8,000원이다. 공식환율과 시장환율에 무려 80배나 차이가 난다.

이 차이를 비집고 뇌물이 작동한다. 배나무 배나TV 김주성 이사에 의하면 평양 노동자들의 평균임금은 4,000원이다. 암시장 환율로 50센트다. 그런데도 한 잔에 몇 달러나 받는 커피숍이 평양에 여러 군데 성업 중이고 한 끼에 1인당 100달러가 넘는 호텔 만찬도 자리가 찬다. 고객 중에는 외국인뿐 아니라 북한인 손님도 상당수라고 한다. 이 알다가도 모를 상황의 배경이 바로 '외화로 고이는 뇌물'과 '외화로 돌아가는 경제'다.

북한 당국이 북한 돈의 가치를 강제해도 주민들은 '국돈'을 믿지 못한다. 북한 돈은 엉터리 화폐라는 것을 모두가 안다. 그들이 믿는 것은 외화다. 그런 의미에서, 북한은 이미 자국 화폐 대신 달러를 화폐로 쓰는 달러라이제이션(dollorization)을 시행 중인지도 모른다.

이 이야기를 조금 더 풀어 보자. 북한의 쌀값은 상황에 따라 1kg에 3,700~4,500원을 오간다. 배급이 끊긴 지는 이미 오래 전이니, 월급만 가지고는 먹고살래야 살 수가 없다는 이야기다. 이론상으로는 먹고살 길이 없는 것은 아니다. 국정가격으로 생필품을 조달하면 된다.

문제는 국정가격 배급표를 타기도 어렵고, 뇌물을 고이고 배급표를 받아도 상점에 물건이 없다는 점이다. 배급표는 물건을 구입할 수 있는 증서다. 북한에서는 돈이 있다고 물건을 살 수 있는 것이 아니다. 내 돈으로 물건을 사더라도, 당국으로부터 '구입을 허락받아야' 즉 배급표를 얻어야 비로소 물건을 손에 넣을 수 있다. 식당도 마찬가지다. 아무리 돈이 많아도 옥류관 냉면을 사 먹을 수 없다. '옥류관 식권', 다시 말해 '옥류관에서 냉면 사 먹는 것을 당국이 허락하는 증서' 없이는 아예 옥류관 출입을 할 수가 없다. 이 식권을 위조하여 유통했다가 걸린 사람이 있다는 보도도 있었다. 예외는 외화다. 달러나 엔화, 중국 위안화는 프리패스다.

러시아 블라디보스토크의 북한 건설 노동자들. 해외 파견 노동자들은 북한의 주된 외화수입원이다. 배급표는 또 다른 이권이다. 시세의 20분의 1 가격으로 물건을 살 수 있기 때문이다. 문제는 물건이 없다는 것이다. 물건이 없다면 배급표는 휴지나 마찬가지다. 그나마 가물에 콩 나듯 국정 상점에 물건이 들어와도, 미리 뇌물을 고인 경로를 통해 물건은 다른 곳으로 빠져나간다. 물론 서류상으로는 아무런 하자가 없을 터이다.

북한 당국도 외화의 위력을 안다. 과거에는 '외화와 바꾼 돈표'가 있었다. 재일동포 귀국자나 러시아 벌목공, 중동 노무자 가족들이 외화를 만지는 사람들이었다. '외화와 바꾼 돈표'는 '외화와 바꾼 돈표' 전문상점에서 물건을 살 수 있는 또 다른 화폐였다. 그곳에는 국정상점에서 볼 수 없는 제품들, 예컨대 가전제품이나 고급 의류가 늘 진열되어 있었다고 한다. 북한 스스로가 자국 화폐를 2부리그 화폐라고 인정했던 셈이다.

고난의 행군 이후 북한 경제의 거의 모든 체계가 무너지고 재편되는 과정에서, 북한 주민들은 더 효율적인 방식을 선택했다. 장마당에서는 배급표 없이 자유롭게 물건을 직거래한다. 그리고 거래는 믿을 수 있는 화폐로 한다. 지금은 북한 전역의 장마당에서 달러, 엔화, 위안화로 물건을 사고판다. 달러로 셈을 치르면 장사하는 할머니가 암산으로 환율계산을 마치고 위안화로 잔돈을 거슬러 주는 식이다. 위안화 소액권이 잔돈 거스름돈 용도로 북한에서 인기라는 기사도 있었다. 이런 풍경은 더 이상 신기한 일도 아니다.

장사하는 사람들이 매기는 물건값을 북한에서는 '협정가격'이라고 부른다. 협정의 주체는 파는 사람과 사는 사람이다. 당국이 모든 것을 지시하고 지정하는 '국정가격'은 이미 서류상으로만 존재하는 가격이다. 정치권력은 북한 주민들 스스로가 매기는 '협정가격'에 아무런 영향력을 행사하지 못 한다.

협정의 주체에 당국은 없다. 이 점이 중요하다. 장마당을 통해 권력 밖에서 독자적으로 작동하는 힘이 생겼다는 증거이기 때문이다. 역사적으로, 전체주의 권력자들은 언제나 거의 하나의 예외도 없이, 그것이 어떤 종류의 힘이든, 내부에서 자신들의 통제를 벗어난 힘이 생기는 것을 두려워했다. 노동당 최대의 적(敵)은 그래서 장마당이다.

북한의 '국돈'은 장마당에서 찬밥 신세로 전락한 지 이미 오래다. '당비(黨費) 납부' 말고는 국돈을 받는 곳이 없다.

'국돈'을 믿지 못하는 건 일반 주민만이 아니다. 고위 공직자들도 다들 뇌물이나 부수입으로 연명하는데, 핵심계층인 그들조차 현물이나 외화로만 뇌물을 받는 것이 현실이다. 위아래를 막론하고, 모든 주민이 북한 돈을 엉터리라고 생각한다는 증거다.

북한 주민의 생계를 책임지는 것은 노동당이 아니라 장마당이라는 이야기가 나온 지 오래다. 그래서 노동당이 장마당을 물리칠 가능성은 거의 없을 터이다. 장마당이 누구를 더 신뢰하는지는 이미 판가름 났다. 장마당이 어느 방향으로 진화하며 어떤 변화를 가져올지, 향후 변화의 속도와 크기가 어떨는지 궁금한 이유다.

그만큼 부패가 있다면 김씨 족속이 곧 무너지는 거 아니냐고 물으시는 분 계시겠다. 여기에 공산주의의 역설(逆說)이 있다. 부패(腐敗)에는 두 가지 종류가 있다. 하나는 권력 당국을 공격하는 부패, 다른 하나는 의존하는 부패다. 북한의 부패는 김씨 족속의 권력에 의존하는 부패다. 부정부패를 할 수 있는 권리를 김씨족속이 부여하기 때문에 오히려 수령에 대한 충성심이 높아지는 것이다. 인허가권 자체를 김정은이 줬다고 생각한다는 말이다. 구소련 붕괴 당시의 부패가 국가를 공격하는 부패였다면, 북한의 부패는 체제의 불안 형성과는 크게 상관이 없다고 봐야 한다.

그래서 뻔뻔함은 공산주의자들의 힘이다. 뻔뻔함도 역시 공산주의자들의 본질이다. 보통 사람들은 나쁜 짓을 하면 흔들린다. 독재자의 수하들도 인간이라면은, 말도 안되는 반인륜적 범죄를 저지른 경우 마음이 흔들려야 한다. 물론 북에선 자본가, 종교인같은 계급의 적, 인민의 적을 죽이는 것은 영웅적 행위라고 칭송한다. 인간적인 괴로움을 없애주려고 엄청나게 노력하는 것이다. 이러한 '노력'이 쌓이면 사람들은 점점 더 뻔뻔해진다. '인민의 적'을 잔인하게 대해도 죄의식이 없는 것이다.

4.

그렇다면 이토록 비인간적인 사회가 무너뜨릴 방안은 없는가? 있다. 한류(韓流)가 희망이다. 김정은 앞에서 열광적으로 울음을 터트리면서 깃발을 흔드는 열광적인 군중을 생각해 보자. 이들의 행동은 자발적인 것이 아니다. 남에게 보여주기 위한, 의도적인 '개인의 연출(演出)'이라는 것이다. 극소수의 충성 분자가 있겠지만, 이들이 먼저 만세를 부르면 옆에 사람들도 '오, 이 사람이 만세를 부르네. 그럼 난 더 열심히 불러야지'하고 만세 경쟁을 해야 한다. 그 총합이 열광적인 군중이다. 하지만 겉모습이 전부가 아니다. 3년

상(喪)에 효자 없는 법이다. 이제는 주체사상을 믿기에는 북한의 현실이 너무 가혹하고, 도저히 정신승리로 포장할 수 있는 정도를 훌쩍 넘었다. 북한 당국은 외부 정보를 차단하는데 사활을 걸고 있다. 독재자의 관점에선 꼭 필요한 정책이다. 우리한테는 굉장히 사소해 보이지만, 북에서는 '오빠~, 자기야~' 등 한국식 표현을 쓰면 잡혀가고 사형에 준하는 처벌을 받는다. 아예 문화사상 배격법(2023)을 만들었다. 예전에는 암암리에 처벌하는 식으로 대응했는데, 법을 만들었다는 것은 시사하는 바가 크다. 법을 만드는 순간, '많은 사람이 현재 한류(韓流)를 즐기고 있구나'라는 것을 알리는 부정적인 효과가 있기 때문이다. 그래서 어지간하면 입법까지는 하지 않는데 법을 만들었다? 이 말은, 이제는 공개적으로 처벌하지 않고는 막을 수 없을 만큼 한류 문화가 광범위하게 퍼졌다는 뜻이다. 이러한 현상을 북한 당국이 자인한 것이다.

코로나바이러스19(우한폐렴) 때문에 2020년 5월 이후로 연기되었던 북한 학교의 개학이 4월 17일로 갑자기 앞당겨진 일이 있다. 4월 10일, 전 학년이 아니라 대학생과 고등중학교 3학년만 먼저 등교하라는 교육성의 갑작스러운 지시가 있었다고 한다. '교육은 나라의 흥망성쇠를 좌우하는 사업이니 차질이 없게 하라'는 김정은 발언에 따른 조치라고는 하지만, 내막은 다르다고 했다. 학생들 사이에서 한류(韓流) 영화와 드라마, 북한식 표현으로는 '불순녹화물' 시청 사건이 급증했기 때문이다.

북한 학생들에게는 개인 시간이라는 것이 거의 없다. 수업 외에도, '꼬마계획'에 따라 토끼 가죽, 파철 등을 수집해서 내야 하고, 군중 시위 연습, 조직 생활 등에 참석해야 한다. 때마다 나가는 한 달 장기 합숙인 '농촌 동원'도 있다. 다른 생각을 하지 못하도록 온종일, 일 년 내내 개인의 삶을 옭아매는 것이다.

대학생과 고3은 다르다. 통제가 어렵다. 대학생은 '성인(成人)'이라는 자의식(自意識)이 생기는 시절이다. 북한의 고3(초등학교가 4년제라 대한민국 나이로는 고1)은 졸업 후 군대에 입대하거나 직장에 배치받는 나이다. 어차피 군대에 가면 병영에서 살아야 하니, 그 전에 다소 느슨하게 지내더라도 눈감아주는 분위기가 있다. 여담이지만, 의무복무 기간이 10년인 것도 활동력이 가장 왕성한 젊은이들이 다른 생각을 하지 못하도록 옭아매기 위한 제도적 장치라는 분석이 있다.

그래서 '코로나 방학'은 전대미문(前代未聞)의 이벤트였다. 북한 학생들에게 '시간'을 선물했기 때문이다. 시간은 많고 집 밖 출입이 불가능하니 자연스레 남조선 영화와 드라마를 보는 경우가 부쩍 늘었다. 최고위급 당 간부 자녀부터 노동자 자녀까지 너 나 할 것 없이 한류 영화와 드라마에 빠지는 통제 불가능한 상황이 펼쳐졌다는 것이다. 모두를 단속할 수는 없으니 당국에서 비공식적으로 '보기는 보되 비판적으로 보라'는 말까지 할 정도라고 한다.

북한에 한류가 처음 본격적으로 퍼진 시기는 1990년대 '고난의 행군' 이후다. 중국과의 밀무역량이 폭증하면서 신문물도 함께 강을 넘었다. 회령 등 북-중 접경 지역에서는 옌볜 방송이 잡힌다. 원산 등 동해안 일부 지역에서는 한국 방송이 실시간으로 잡히는 곳도 있다. 북한 당국이 모든 수상기의 통로(채널) 부분을 고정해 북한 방송 이외에는 볼 수 없게 조치했지만, 정책이 있다면 대책도 있는 법. 주민들은 납땜을 풀고 어떻게든 외부 콘텐츠를 시청하는 방법을 찾는다.

옌볜TV는 활동사진만 나오고 목소리는 안 들린다. 그래도 주민들은 〈사랑이 뭐길래〉〈남자의 향기〉〈순풍 산부인과〉를 즐겨 시청했다. 〈가요무대〉나 〈전국노래자랑〉도 봤다. 비록 노래는 들을 수 없었어도, 무대장치나 출연자들의 의상, 관객들의 반응, 카메라 장면 전환을 보는 것만으로도 신기하고 흥미 만점이기 때문이다.

수요가 있으면 공급이 있고, 도매상이 있으면 소매상도 생기는 법. 시청자가 증가하자 중국에서 녹화물을 만들어 북한으로 나르는 사람들이 나왔고, 알음알음으로 비디오테이프를 개인에게 대여해주는 장사꾼도 생겼다. 북한 내 한류 콘텐츠 유통량은 기술 발전에 힘입어 비약적으로 증가했다. '곽 테이프(VTR)'에 비해 CD는 부피도 작고 운반도 편했기 때문이다. CD는 DVD, USB, 외장하드를 거쳐 최근에는 휴대전화기용 SD카드나 스마트칩으로 진화했다. 북한 당국이 모든 휴대폰을 회수한 뒤 SD카드 꼽는 곳을 막아서 돌려줬지만, 민간에서 이를 다시 뚫어버리는 기술이 훨씬 뛰어났다.

한류가 퍼지는 이유는 두 가지다. 돈이 된다는 것, 그리고 재미있다는 것. 북한 특수부대 출신으로 전자자동화 단과대학을 나온 이○길 씨는 탈북 전 CD 도매상을 했다. CD가 유행하기 시작한 2003~2005년 당시 옌볜의 공 CD 가격은 1위안(약 160원)에 2개로, 한국 녹화물을 담아가면 북한 도매상에게 개당 5~6위안에 팔 수 있었다. 중국 CD 대여방 업자에게 복사료 및 제작비(?)를 지불하고, 국경경비대나 보안원, 단속반 등 요소요소에 뇌물을 충분히 고이고도 5배 이상 남는 장사였다.

소득원은 또 있었다. 중국으로 건너갈 때 중국 사람들이 좋아하는 〈림꺽정〉 〈홍길동〉 〈이름 없는 영웅들〉 등 북한 영화 CD를 챙겨가면 그것도 돈이 됐다. 청진 수남장마당에서 북한 CD를 파는 사람과 '대량구매'로 안면을 트고, 신용을 쌓은 뒤 이들 인맥을 한국 콘텐츠를 파는 네트워크로 활용하기도 했다. 도매업자들은 한류 CD 1장을 북한 돈 600원에 사서 회령에서는 800원, 안쪽 지역에서는 1000원에 팔았다.

이때 시청자들의 수요를 정확하게 파악하는 것이 중요했다. 인기 품목은 〈장군의 아들〉 등 액션영화, 〈천국의 계단〉 〈꽃보다 남자〉 〈올인〉 등 드라마, 그리고 19금(禁) 영화다.

북한 남성들은 스케일, 스피드, 영상미의 차원이 다른 한국 액션영화에 열광했다. 격투 장면만을 따로 편집해 판매하는 사람이 있을 정도였다. 한국 드라마도 하이라이트 축약본이 돌았다. 도매업자와 상관없이, 평양 등 대도시에서 '2차 가공업자'가 출현했다는 뜻이다.

19금 영화는 2004년 후반부터 유행했다. 키스 장면도 안 나오는 북한 영화에 비교하면, 한국 19금 영화는 북한 주민들에게 그야말로 엄청난 충격을 불러일으켰다. 단속에 걸릴까 봐 커튼을 담요로 막고, 남친 여친 여러 쌍이 함께 19금 영화를 보기도 했단다. 그때 순간적으로 후끈하게 달아오르던 방 안 열기를 잊지 못하는 사람들이 있다.

북한 당국은 19금 영화 시청과 유포를 엄하게 단속했다. 다른 한류 영화를 보다 걸리면 뇌물을 고이거나 백을 써서 풀려날 수 있었지만, 19금 영화는 예외가 없었다.

북한에도 '부화(附和) 사건'이라 불리는 성적(性的) 일탈이 있다. 사실은 다른 나라에 비해 발생 빈도가 높은 편이다. 사정이 이러함에도 북한 당국은 '실제로 행동하는 것과 자본주의 문물을 따라 하는 것은 다른 문제다'라는 논리로 강력하게 처벌했다. 묻지도 따지지도 않았다. 주민들 사이에서도 19금 영화를 보다 잡힌 사람을 성범죄자 비슷하게 인식하는 풍조가 있었다. 처벌의 수위는 가족 전부 산간벽지나 탄광으로 추방되거나 더한 경우는 사형이었다.

19금 콘텐츠 유통이나 시청도 중범죄지만, 한류 콘텐츠 대량 유통도 체제를 뒤흔드는 중대 범죄다. 공개 총살 때 죄명을 '한국 드라마를 유통했다'고 할 수는 없으니, 당국은 다른 죄명을 덧씌워 형을 집행했다. 앞서 언급한 이○길 씨의 절친도 한류 콘텐츠를 대량으로 유통하다 사형당했는데, 평소에 '드라마에 나오는 한국에 가서 단 하루라도 자유롭게 살아보고 싶다'고 했다고 한다. "그 친구가 유통경로를 불지 않아서 내가 살았다"고 말하는 이○길 씨는 "공개 총살 당일 군중 동원으로 나도 그 자리에 갔다. 내 친구는, '보고 싶은 것 원 없이 보고 간다'는 달관한 표정이었다"고 말했다.

19금 이외에도, 북한 당국이 절대로 봐주지 않는 프로그램이 있다. 〈공동경비구역 JSA〉 〈쉬리〉, KBS 드라마 〈진달래꽃 필 때까지〉다. 단속반에게 걸리면 가장 먼저 듣는 질문이 '이 세 작품을 본 적이 있나?'다. 〈공동경비구역 JSA〉는 김 부자 초상화에 피가 튀는 장면이, 〈쉬리〉는 장군님께 충성을 바쳐야 할 특수요원이 남조선 요원과 사랑에 빠진다는 설정이, 〈진달래꽃 필 때까지〉는 기쁨조의 실상이 나오기에 문제라는 소문이 있다.

그렇다면 북한 당국이 공식적으로 소개한 한류 드라마나 영화는 없나? 있다. 2006~2007년 MBC가 방영한 81부작 대하드라마 〈주몽〉이다. 드라마를 보여준 것은 아니고 소개만 했다. 종영 후 송일국(주몽 역), 한혜진(소서노 역), 전광렬(금와 역), 오연수(유화 역), 이계인(모팔모 역), 정운현 MBC 드라마 국장, 이주환 PD 등 주요 출연

진과 제작진이 평양을 방문했다. 북한 TV에 〈주몽〉 팀이 동명왕릉 등을 방문하는 뉴스가 나왔다.

북한 당국은 '민족사의 정통성이 고구려와 고구려를 계승한 북에 있고, 이를 남에서도 인정해 드라마를 만들고 참배까지 하러 온 것'이라고 선전하려는 의도로 이들의 동선을 보도했다고 한다.

하지만 주민들의 반응은 달랐다. '고구려는 북조선에 있었는데 남조선에서 다루네' '중국에서 드라마를 찍었다니 남조선에 돈이 많기는 많은가 보다' '그런데 왜 드라마를 못 보게 하지?'

〈주몽〉 제작 영상도 화제였다고 한다. 말을 타고 달리는 배우 곁에서 카메라가 레일을 따라 고속으로 따라가며 촬영하는 영상은 '첨단기술 매력 한국'의 이미지를 북한 주민들 마음에 새겼다. 여론이 의도와는 다르게 흘러가자, 내심 〈주몽〉의 방영을 고려하던 북한 당국은 태도를 바꾸었다. 단속을 더 강화한 것이다.

앞에서도 이야기했지만, 북한 당국은 한류 유행을 체제의 명운이 걸린 문제로 인식한다. 평양시 중구역 반(反)간첩투쟁전람관에 '남조선 괴뢰도당이 우리 공화국을 와해하려 책동했던…'이라는 설명문과 함께 신현준 씨의 얼굴이 찍힌 〈천국의 계단〉 CD를 특별히 전시하고 있을 정도다.

'한류는 북을 붕괴시키려는 안기부의 공작'이라는 교육도 한다. 모든 학교에서 매주 금요일이면 어떤 한류 드라마를 봤는지 반성문을 쓰게 하고, '105그루빠'라는 한류 단속 전문조직을 만들기도 했다. 적발하면 무조건 구타를 하며 누구와 봤는지, 물건을 어디서 입수했는지를 집요하게 추궁한다.

북한 당국이 한류 확산 저지에 필사적인 이유가 있다. 한류가 북한 사람들의 마음에 침투해, 행동을 바꾸고 근본적인 변화를 일으키기 때문이다. 당국의 통제를 벗어나 자유롭게 사고(思考)하고 행동하는 '시민'들이 생겨나는 것을 용납할 수 없는 것이다.

보안원도 한류 USB를 팔고, 단속 물품이 다시 시장으로 흘러들며, 외화식당 종업원이 근무시간 중에 모니터로 한국 드라마를 본다. 차세대 북한의 엘리트층이며 현재의 유행을 선도하는 평양 외국어대에서 학생들이 드라마에 나온 한국식 다이어트를 따라 하고, 청년들은 한국식 발음을 해야 '세련되고 있어 보이는' 사람으로 인정한다. 달덩이 같은 통통한 얼굴보다는 갸름한 달걀형 얼굴을, 강인한 마초형 남성보다는 부드럽고 나긋나긋한 남성을 선호하는 등 미(美)의 기준도 한국식으로 바뀐다. 청소년들은 드라마에 나온 의상을 가방 속에 숨기고 와, 친구 집에 몰래 모여 옷을 갈아입으며 춤과 노래를 따라 한다. 심지어는 김정일 애도 기간에도, 당 간부 사이에서도 한류 열풍은 식지 않는다. 도대체 왜?

한국 드라마는 사상을 강요하지 않고 사람 사는 모습을 그대로 보여주기 때문이다. 사랑도 자기들끼리 알아서 하고, "가정을 이뤄 당의 배려와 사랑에 보답하자" "우리가 만난 것도 수령님의 은혜다"라는 말을 하지 않는다. 조직 생활도 없다. "사는 게 힘들다"고 말하는 등장인물들의 대사도 충격이다. "죽을 먹고 마대로 흙을 퍼 나르더라도 장군님을 위해 충성하자"는 북한 영화 속 대사에 비해 지나치리만큼 솔직하게 느껴지기 때문이다.

한국 사회를 비판하는 영화도 북한 주민들은 다르게 시청한다. '영화에서 저런 이야기를 해도 되는구나' '저런 영화를 만들어도 안 잡아가는구나'라는 생각을 하는 것이다. 재미도 없고 새롭지도 않으며 영상도 촌스러운 데다 '기-승-전-김 부자에게 충성'인 북한 영화와 한국 영화를 비교하며, 북한 주민들은 '누군가의 통제를 받지 않고 자유롭게 살고 싶다'는 생각을 한다.

최근에는 드라마뿐 아니라 예능도 인기다. 〈1박 2일〉 〈런닝맨〉 이외에 탈북민들이 출연하는 〈모란봉클럽〉 〈이제 만나러 갑니다〉 도 '시청자 요청상품' 반열에 올랐다. 〈정글의 법칙〉은 '저 정도가 왜 고생인지' 이해를 못 해서, 〈나는 자연인이다〉도 비슷한 이유로 찾는 사람이 드물다.

코미디 프로그램도 의외로 인기가 덜하다. 웃음은 고정관념을 비트는 데서 나온다. 왜 웃기는 상황인지를 이해하려면, 사전(事前) 지식이 있어야 한다. 탈북민들이 한국 코미디를 보고 웃기까지는 대략 6개월 정도 시간이 필요하다고 한다. '〈개그콘서트〉를 보고 웃었다면 1차 적응이 끝났다는 증거'라는 말이 나오는 이유다.

2019년 12월부터 올해 2월까지 tvN에서 방영한 16부작 〈사랑의 불시착〉은 북한 당국의 새롭고 강력한 고민거리다. 조금 과장을 보태서 말하자면, 다른 한류 드라마를 모두 합친 것보다 이 작품 한 편의 영향력이 더 크다고 한다. 인기는 과열 양상을 넘어 광풍(狂風)으로 진화하는 중이다.

〈사랑의 불시착〉은 패러글라이딩 사고로 북한에 불시착한 재벌 딸 윤세리(손예진 분)가 그곳에서 깐깐한 북한군 장교 리정혁(현빈 분)을 만나고, 남북을 오가며 펼쳐지는 로맨스다. 국내 방영 때도 전국 기준 최종회 시청률 20.3%를 기록할 만큼 화제를 모았다.

이 작품은 한국 드라마 사상 최초로 북한 마을이 주요 배경으로, 북한 주민이 주요 등장인물로 나오는 드라마다. 다수의 탈북자가 미술, 사투리, 상황 등을 조언하고 출연자로 참여하기도 했다.

북한 주민들은 그동안 수동적 관람자 입장에서 드라마를 시청했지만, 〈사랑의 불시착〉은 다르다. 누구 사투리가 가장 괜찮은지, 어떤 장면이, 어떤 건물이 북한의 현실을 가장 잘 묘사했는지를 주도적으로 평가하며 시청할 수 있는 것이다. "한 사람의 말에 평안도, 함경도, 황해도 사투리가 다 섞여 있지만, 국경 군부대 마을이니 사정을 이해하자" 등의 논평을 하며, 시청자가 아니라 마치 '화면에 안 나오는 동네 사람'이 된 듯한 몰입감에 빠져 드라마를 본다.

이것만이 아니다. 극 중에 나오는 북한 가정집, 골목길, 의상, 음식, 아침 체조, 숙박 검열, 장마당, 장마당에서 파는 아랫동네(한

國) 물건, 북한 내 한류 드라마, 김치움, 조개구이, 병원 등 작은 장면, 소품, 상황 설정 하나하나가 시청자들 사이에서 화제이자 평가의 대상이라고 한다. "저것은 제대로다" "이 점은 아쉽다" "그만하면 잘 만들었다" "실제보다 더 똑같다"라며 적극적으로 참여하는 재미는 이전에 없던 새로운 즐거움이다.

평양역, 멀리 보이는 류경호텔 등 세트는 어떻게 만들었는지, 열차 내부는? 호텔은? 평양 시내 백화점은? 특각과 초대소는? 학교는? 열차가 달리는 선로를 공중에서 잡은 장면은? 호기심과 의문은 끝없이 이어진다. 또 도청(盜聽), 정전(停電), 기차 연착 등 코믹하게 묘사되는 북한 생활과 북한 특수부대원이 한국에 와서 좌충우돌하며 겪는 소동을 보며 울고 웃는다. 자연스럽게 남북을 비교하는 시각도 생긴다. 알고 지내던 믿을 만한 사람과 조용히 만나 〈사랑의 불시착〉을 본 소감, 느낌을 나누는 것도 유행이다.

최근에는 김현희의 KAL기 폭파를 다룬 다큐멘터리 등, 역사 교양물을 찾는 사람도 늘어났다고 한다. '재미'가 '재미+의미'로, '감성'이 '감성+이성'으로 진화하며, 한류의 영향력이 픽션에서 논픽션까지 확대되는 중인지도 모른다. 한류의 중독성은 세계인들이 인정하는 바다. 한 번도 안 본 사람은 있어도 한 번만 본 사람은 없다. 북한 주민이라고 예외는 아닐 터이다.

그래서 북한 당국은 '오빠야~' '자기야~' 등 남조선식 어법이나 한국풍 패션을 마약 사범 다루듯이 단속 중이다. 마약은, 마약을 흡입하지 않더라도 단순히 운반 소지한 것만으로도 엄청난 처벌을 가한다. 마약을 강력한 사회악으로 보고 철저하게 억제하기 위해서다. 마찬가지로, 북한이 한류에 대해 엄청난 강도의 처벌을 하는 것은 '처음부터 때려잡겠다'는 초전박살의 의지를 표현한 것이다.

그렇다면 북한 주민, 특히 젊은 세대에게 한류란 무엇일까? 북한 청소년에게는 꿈이 없다. 무엇보다도, 북한에는 다양한 직업이 없기 때문이다. 선택지가 좁고, 매스미디어도 발달하지 못했으니 롤모델도 있을 리 없다. 재능을 발휘할 기회가 없으니, 꿈꾸는 미래도 없는 것이다. 벼슬길에 나아가는 것 말고는 삶의 목표가 없었던 조선시대와 흡사하다. 조선에서 출사(出仕)는 오직 양반들에게만 허여(許與)된 특권(特權)이었다.

북한은 더하다. 봉건적(封建的) 신분제보다 훨씬 더 강고한 출신 성분 검열, 이른바 '토대'가 발목을 잡는다. 개인의 능력은 절대로 '토대'를 넘어서지 못한다. 월남자(越南者) 가족은 말할 것도 없고, 가족이나 친척이 외국에 있는 사람도 출세는 꿈꿀 수 없다. 아무리 공부를 잘해도 대학 진학이나 입당(入黨)이 불가능하다. 농장원의 자녀는 아주 드문 예외를 제외하고는 대대로 농장원을 해야 한다. 광부의 아들과 딸은 어지간해서는 광산을 벗어날 수 없다. 농노(農奴)나 광산노예(鑛山奴隸)라고 불러도 무방할 정도다.

반면에 김씨 일가와 관련 있는 이른바 백두혈통은 개인의 능력과는 상관없이 언제나 특권적 지위를 누린다. 공부를 못해도 좋은 대학에 가고, 권력 기관에서 간부로 일한다. 혈통이 능력에 우선하는 것이다. 그래서 북한 전역에서는 이런 농담이 돈다. 친구들과 간식을 나누어 먹는데 어쩌다 누군가를 빠뜨리면 그가 던지는 말이다.

사정이 이러하니, 북한 청소년들의 목표는 '돈 벌어 잘살겠다'가 거의 전부다. 출세나 사회적 공헌은 포기다. 해봐야 어차피 되지도 않을 일에 시간과 노력을 낭비하느니, 차라리 부모에게 물려받은 돈으로 장사를 하겠다는 이야기다. '고난의 행군' 이후 북한 주민들은 당국을 믿지 않는다. 배급만 믿다 수십만에서 수백만 명의 사람이 굶어 죽은 것이 불과 20여 년 전의 일이기 때문이다. 북한 당국이 인정한 영웅들도 숱하게 굶어 죽었다. 훈장과 영예증은 식량을 보장해주지 않았다. 그래서 나온 말이 "영웅도 돈 밑에서 나온다"이다. 중·고교생들이 공개석상에서 미래 희망을 말하는 자리가 있다. 누군가가 "나중에 커서 비행사가 되겠다" "장군님이 아는 체육선수가 되겠다"고 하면 듣는 학생들은 마음속으로 두 마디 문장을 떠올린다. '쇼하는구나'와 '현실에 살아라'다.

그래서 돈이다. 돈은 토대를 뛰어넘기 때문이다. "돈이 많으면 얼굴이 묻힌다"는 말도 있을 정도다.

빈부(貧富) 격차가 가장 심하게 드러나는 지점은 군사복무(병역)다. 2020년 현재 일반병은 11년, 특수병은 13년이 복무기간이라고 한다. 과거에는 군(軍)복무를 마쳐야 사회적으로 인정해주는 분위기가 있었다. 지금은 다르다. 무엇보다도, '사회적 인정'의 크기가 너무 작다. 곳간이 비어버린 북한 당국이 그럴듯한 직장 배치나 주택 제공 등 제대 장병을 챙길 여력이 없기 때문이다.

그래서 최근에는 '군사복무 기간을 최대한 줄이는 것이 능력자'라는 풍조가 생겼다. 예전에는 고등학교 졸업 후 바로 대학에 진학하는 '직통생(直通生)'을 백안시하는 경향이 있었다. '공동체의 이익보다 개인의 이익을 앞세운 자'라는 묵시적 평가가 뒤따랐기 때문이다. 하지만 요즘은 직통생이 능력의 상징이다. 일단 군사복무 기간을 대폭 줄일 수 있다. 대학을 4년 다니고 졸업 후에 입대하면 3년 복무 후 만기제대다. '부대에 필요한 물자를 조달하겠다'고 하면 그 3년 가운데 많은 시간을 병영이 아니라 집에서 보낼 수도 있다.

그렇지만 이 코스는 '돈주' 중에서도 특급 돈주나 특급 돈주와 연결된 최고위층 권력자가 아니면 구사할 수 없는 방법이다. 북한에서는 대학 진학부터가 부모의 재력(財力)과 입시생의 학력(學力)이 복합적으로 작용하는 거대한 암시장(暗市場)이기 때문이다.

일단 진학 자체가 성적만으로 판가름 나지 않는다. 위에서는 각 지방 및 학교로 특정 대학, 특정 학과 입학 정원을 내려보낸다. 이 입학추천서, 이른바 '폰트'를 받아야만 시험이라도 볼 수 있다. 폰트를 어떻게 획득하느냐, 어느 학교 폰트를 잡느냐가 일차 관문이다. 이 과정에서 온갖 뇌물이 횡행하는 것이다. '직통생 출신 제대군인'이라는 신분 자체가 상위 1% 부잣집 아들, 돈 있고 백 있는 북한 금수저의 상징이라는 뜻이다.

이런 '직통생 복무'를 보고 듣고 자란 청소년의 가슴속엔 불만과 분노가 깃든다. 여학생들도 오빠와 남동생의 심정에 감정 이입(移入)을 한다. 무의식적인 억울함이 구체적인 반항 행동으로 바뀌는 지점은 의상과 염색이다. 개성(個性)이 살아나면 의식(意識)도 깨어난다. 북한 당국이 전 지역 모든 학교 교복의 디자인을 통일해 통제를 강화하는 이유다. 그렇게 감시·감독의 눈길을 부릅떠도, 바짓단을 수선하고 허리를 접어 치마를 무릎 위로 짧게 입는 유행을 막기에는 역부족이다.

요즘은 북한에서도 교복을 돈 내고 사야 한다. 예전처럼 배급으로 나눠주지 않는다. 그래서 '입기 불편하다' '재질이 엉망이다'라는 품질에 대한 불평이 청소년 사이에서 끊이지 않는다. '소비자 권리'에 눈을 뜬 것이다.

사복(私服)도 그물 옷, 속이 조금이라도 비치는 옷, 글자 새겨진 셔츠, 가슴이 살짝이라도 파인 옷 등 '이상한 옷'은 착용을 금지한다. 목걸이나 귀고리도 눈에 띄는 디자인은 착용 금지다. 규찰대(糾察隊)가 나타나면 귀고리를 귓구멍에 넣어 단속을 피해 보지만 매번 그럴 때마다 짜증이 솟구친다. 색조화장은 예술인들에게나 허용된 것이며, 머리 염색은 '자본주의 날라리풍'이라며 절대 금지하는 것도 이해 불가(不可)다.

'하지 말라'고 하면 더 하고 싶은 것은 동서고금(東西古今)을 막론한 청소년들의 영원한 로망이 아니던가. 조선중앙TV의 뉴스 화면을 보고 여학생들은 "이설주도 중국 갈 때 염색하는데 우리는 왜못 해?" "이설주가 입은 블라우스는 규찰대가 왜 단속 안 해. 너무하는 것 아냐?"라며 반발한다. 남학생들은 "어떤 놈은 배 안에서부터 왕자로 타고나는데, 세상 불공평하다"고 욕한다. 친한 친구들끼리는 존칭 없이 "김정은" "이설주"라고 부르는 것이 최근 추세다. 나이 든 사람들의 눈에는 경천동지(驚天動地)요, 천지개벽(天地開闢)이다.

북한 청소년들에게는 절대적인 충성과 존경의 대상이 존재하지 않는다. 2018년 남북 정상회담 뉴스에 나온 기념 식수 비석을 보고는 '글자 길게 새기느라 힘들었겠다'며 김정은을 '까는' 정도다. '대한민국 대통령 문재인'에 비해 '조선민주주의인민공화국 국무위원장 김정은'의 글자 수가 두 배 가까이 많았기 때문이다.

말이 난 김에 말하자면, 남북 정상회담이나 미북 정상회담 때 북한의 거의 모든 청소년이 열광했다고 한다. '곧 통일이 된다'는 기대감 때문이었다. 북한 청소년들이 바라는 통일은 남쪽에 흡수되는 통일이었다. 남한의 드라마와 가요가 보여주는 세상은 곧 '자유의 낙원'이기 때문이었다. USB, SD카드, 휴대폰에 저장해 콘텐츠를 보고 듣는 '한류(韓流)'는 북한 청소년들에게 삶의 일부로 자리

잡았다. 통일된 조국에서, 그런 것들을 방해나 단속 없이 편한 마음으로 실컷 누릴 수 있다는 것 자체가 황홀한 상상이었다.

그때나 지금이나 북한 여학생들이 가장 사랑하는 배우는 압도적으로 이민호다. 일본 만화를 원작으로 재구성한 고등학생판 신데렐라 스토리인 TV드라마 〈꽃보다 남자〉(2009) 이후 이민호는 북한 여학생들의 우상이 되었다. 일본 여성들이 욘사마에 열광했던 배용준 신드롬 이상이다. 〈신의〉 〈상속자들〉 〈푸른 바다의 전설〉 등 이민호가 출연한 드라마는 아직도 북한 전역에서 널리 소비되는 영원한 스테디셀러다. 수많은 여학생이 드라마 속 대사를 외우고, 몇 부에 누가 죽고 어떤 일이 벌어지는지를 화제에 올린다.

이뿐만이 아니다. 이민호 얼굴이 인쇄된 과자 포장지는 버려서는 안 되며 고이 오려 간직해야 하는 기념품이다. 이민우가 1987년생이라는 신상정보를 공유하며, 2015년 모(某) 여배우와의 열애설이 터졌을 때는 "우리 다 같이 남조선에 가서 그 여배우를 때려주자"는 심각한(?) 논의를 하기도 했다. 2017년 11월 남조선 뉴스에 나온 결별설을 전해준 친구는 소녀들 사이에서 우상이 되었다. 함께 기쁨의 눈물(?)을 흘릴 수 있게 해주었기 때문이다.

그래서 2010년대 북한에서 청소년기를 보낸 탈북자들 가운데 상당수가 공감하는 평가가 있다. "북한 청소년, 특히 여학생 사이에서는 김정은보다 이민호가 더 영향력이 있을 것"이라는 말이다. 이민호가 예술단 일원으로 방북(訪北)해 "서울에서 너희를 기다리겠다"고 한마디만 하면 어떤 일이 벌어질지 알 수 없다는 것이다.

청소년 사이에서 들불처럼 번져가던 통일 열기는 '통일을 바라지 말라'는 김정은의 방침이 내려오며 급속도로 가라앉았다. 어쩌면 한류의 열풍이 통일의 열망과 합쳐지며 예상과는 다른 방향으로 거대하게 번져나가는 것을 북한 권력자들이 견딜 수 없었는지도 모른다. 이민호 때문인지는 모르지만, 적어도 김정은이 북한 청소년 사이에서의 한류 열풍을 보며 위험신호를 느낀 것만큼은 확실해 보인다. 한류 열풍이 반항심, 자유주의와 섞이며 융합하면 얼마만큼의 폭발력으로 불타오를지 예측 불가능이기 때문이다.

북한 당국자의 시선으로 보자면, 충성심 자체가 없고 돈에 민감하며 외부 정보에 열광하는 청소년들은 비행 청소년에 다름없을 터이다. 비행청소년들이 만들어간 역사의 묘미는 그들이 항상 예측 불가능한 사건들을 일으켰다는 데 있다. 장기적으로 보자면, 비행청소년들이 만들었던 예측 불가능한 사건들은 인류 문명의 발전 속도를 앞당겼다. 소생이 북한의 비행청소년들을 주목하는 이유다.

그래서 김정은 머릿속에선 지금 내전(內戰)이 발생했는지 모른다. 교전(交戰) 상대는 북한의 MZ세대, 이른바 '장마당 세대'다. 미국 《뉴욕타임스(NYT)》는 김정은이 케이팝(K-pop)을 '악질적인 암(vicious cancer)'으로 규정해 문화전쟁을 벌이고 있다고 보도했다. 지난 2021년 6월 10일자 기사다. 《로동신문》이 《뉴욕타임스》 보도가 사실임을 확인해줬다.

《로동신문》 2021년 6월 27일자 1면 사설에는 '백절불굴의 혁명 정신은 새 승리를 향한 총진군의 위력한 무기'라는 제목 아래 "우리 혁명의 밝은 미래는 백절불굴의 혁명정신, 자력갱생, 간고분투의 투쟁기풍에 의하여 굳건히 담보된다…. 혁명의 시련을 겪어보지 못한 새 세대들이 주력으로 등장하고 우리 당의 사상진지, 혁명진지, 계급진지를 허물어보려는 제국주의자들의 책동이 날로 더욱 우심해지고(심해지고) 있는 현실은 혁명전통교양이 나라와 민족의 운명과 장래를 결정하는 사활적인 문제로 된다는 것을 뚜렷이 보여주고 있다"라는 문장이 이어진다. 《로동신문》 편집 관례상 위 문장은 김정은 육성(肉聲)이라고 봐야 한다. 김정은의 선전포고(宣戰布告)다.

김정은은 왜 젊은 세대가 무서운가? 자신의 말을 한 귀로 흘리기 때문이다. 자기 말 한마디, 손짓 하나에 벌벌 떠는 나이 든 세대와는 달리, 장마당 세대는 독재자의 말을 따르지 않는다. 당(黨)이 우리를 먹여 살린다는 부채 의식이 없는 탓이다. 그래서 전제군주(專制君主)의 권위도 인정하지 않는다. 사상이완(思想弛緩), 정신무장(精神武裝) 같은 구세대식 표현도 조롱한다. 당연히, 존경심도 없다. 신도 수 기준 세계 9위의 사이비종교(似而非宗敎) 주체교(主體敎)는 '일사불란(一絲不亂) 집단주의(集團主義)'가 핵심 교리 중 하나다. 집단주의의 정점에 태양족 백두혈통 김씨 일가가 있고, 그들의 말에 무조건 복종해야 잘살 수 있다고 주민들을 세뇌한다. 하지만 신도들이 세뇌에서 깨어나면 교단은 무너진다. 그래서 말을 안 듣고, 말이 안 통하는 젊은 세대의 등장은 김정은 시각에선 그 자체가 권력의 붕괴다.

북한의 10대는 이전 세대와 확실히 다르다. 사회현상을 기준으로 살펴보자. 2018년 양강도에선 월(月) 평균 이혼 판결이 100건을 넘어섰다. 이혼을 막으라는 김정은의 특별 지시가 떨어질 정도다.

핵심은 특별 지시 하달 전부터 북한 전역의 결혼 풍속이 급속도로 바뀌었다는 사실이다. 남자가 돈 못 벌고 무능하면 결혼 후 한 주든 한 달이든 바로 갈라서는 사례가 나왔다. 예전 같으면 상상도 하지 못할 일이다. 김정은 지시 이후로도, 북한 주민들은 체면이나 남 눈을 더 이상 의식하지 않는다. 이혼은 이제 감춰야 하는 일이 아니다.

혼전동거(婚前同居)도 많다. 3~4년을 함께 살다가 서로 능력과 성향을 확인한 후 뒤늦게 결혼등록을 하고 아이를 낳는 경우다. 만혼(晩婚)은 저출산으로 이어졌다. 저출산 문제는 남쪽만의 고민이 아니다. 유엔인구기금(UNFPA)이 지난 4월에 발표한 세계 인구 현황 보고서 〈내 몸은 나의 것(my body is my own)〉에 따르면 북한의 합계출산율은 1.9명이다. 세계 평균인 2.4명, 아시아태평양 지역 평균 2.1명, 인구 유지에 필요한 수치 2.1명보다 아래다. 조사 대상 198개국 가운데 119위. 덧붙이자면, 최하위 198위는 1.1명인 한국이다. 한 자녀 가정이 많다 보니 아이들도 부모도 자연스럽게 개인주의로 이동했다.

자유롭게 미래를 꿈꿀 수는 없지만, 북한 청소년들이 '호기심(好奇心)'과 '재미'까지 포기한 것은 아니다. 호기심과 재미는 그들의 삶을 위로하는 활력소이자 대리몽(代理夢)이다. 그래서 끊을 수 없다. 북한 밖 다양한 세계의 존재를 형형색색으로 알려주는 문화 콘텐츠는 청소년들의 몸과 마음에 빠르게 스며든다.

선봉장은 거듭 이야기하지만 역시 '한류(韓流)'다. 말이 통하기에 전파력(傳播力)이 남다른 것이다. 위기감에 휩싸인 북한 당국이 2004년 한국 영상물 전문 단속기구인 '109상무'를 만들었다. 불시 가택 수색 등 대대적 단속을 하지만 효과는 크지 않았다. 단속 방식은 아날로그인데 회피 수단은 진화하기 때문이다. CD가 USB로, SD카드로 바뀌었는데, SD카드는 유사시 잘라버리거나 삼켜서 증거인멸이 쉽다. 109상무 단속에 대비해, 노트북을 켜면 아예 기록과 메모리가 사라지는 프로그램도 나왔다. 노트북 암호를 '109 타도'로 설정한 것만으로는 처벌이 불가능하다.

김정은의 최대 응전(應戰)은 2020년 12월 4일에 나온 '반동사상문화배격법'이다. 남한 영상물 유포자에 대한 형량(刑量)을 최대 사형, 시청자에 대해선 징역을 기존 5년에서 최대 15년으로 강화한

악법이다. 김정은이 느끼는 공포심의 성문화(成文化)다.

이 법을 제정한 이후로 김정은은 공개석상에서 여러 차례 초조감을 드러냈다. 2021년 1월 당대회에서 청년세대에 대한 사상통제를 거듭 강조했고, 4월 세포비서대회에선 "청년들의 사상통제가 최중대사(最重大事)다. 옷차림부터 언행까지 통제해야 한다"고 했다. '세포비서'는 당 최말단 조직 일꾼들이다. 한마디로 말해서 K팝이나 한류 흉내를 밑바닥에서부터 철저히 단속하라는 소리다.

그럼에도 한류 유행은 잡을 수 없었다. '데일리NK'는 북한군 내부 소식통의 전언을 토대로, 2021년 2월 북한군 3군단 훈련장 사격장에서 3군단 후방부장인 김모 대좌가 군단 지휘부 장교와 핵심 군인들이 모인 가운데 공개 총살당했다고 보도했다. 김 대좌 집에서 한류 콘텐츠가 대량 발견되었다는 것이다. '제국주의 반동들에게 동조하는 이적행위를 한 역적'이라는 것이 죄목이다. 그의 아내와 두 아들은 정치범수용소로 호송됐고, 집과 재산은 모두 몰수당했다고 한다. 법 시행 후 첫 군부대 단속 건인 것을 보면, 김 대좌 총살은 군 내부의 공포심을 극대화하기 위한 시범 케이스인지도 모른다.

지난해에는 20대 북한군 3명이 오락회에서 방탄소년단의 '피 땀 눈물'의 안무를 따라 했다가 끌려가는 일도 있었고, 3월 초엔 남조선 영상물을 유포한 평양시민 4명을 공개처형했다. 사동구역 대원리사격장에서 평양시 전체 인민반장들과 인근 지역의 주민들을 모아놓고 집행했다고 한다. 5월에는 한류 콘텐츠 도매상 역할을 하던 원산 주민도 공개처형했다.

2021년 6월 초에는 평성에서 SBS TV 드라마 〈펜트하우스〉를 시청하던 20대 남녀 4명이 10~12년 형을 받았다는 뉴스도 있었다. 평성 운동장에서 공개재판할 만큼 요란을 떨었지만, 주민들 반응은 '왜 우리만 가지고 이러냐?'다. 권력층이 외부 문화를 마음껏 즐기고 있다는 건 비밀도 아니기 때문이다. 극소수지만 페이스북, 인스타그램, 트위터, 유튜브를 하는 사람도 있다. 그들이 비디오 게임을 하고 서양 영화를 보며 한국 드라마를 애청한다는 걸 북한 주민들은 다 안다. 김정일의 애창곡이 최희준의 '하숙생', 최진희의 '사랑의 미로'였다는 건 잘 모르겠지만.

노래 이야기가 나왔으니 조금만 더해보자. 지난 6월 하순 조선중앙TV는 새 선전가요 '우리 어머니'와 '그 정을 따르네' 영상 편집물을 방송했다. 노동당과 김정은을 찬양하는 선전가요다. 신곡 발표는 오직 당(黨)만 할 수 있으니 예전 같으면 북한 전역에 이 노래들이 울려 퍼져야 한다.

신문은 "우리 마음이 그대로 가사가 되고 선율이 됐다"며 "새 노래들이 온 나라를 격정의 도가니로 끓게 하고 있다"고 했지만, 사정은 다르다. 아무도 자발적으로 듣지 않는다.

이것은 심각한 문제다. 독점(獨占)이 깨졌다는 증명이기 때문이다. 김정은의 권력이 듣지 않는 사각지대(死角地帶)가 있고, 그곳에선 김정은보다 더 힘과 영향력이 센 무엇이 있다는 뚜렷한 증거이기 때문이다. 북한 당국도 '문화 경쟁자'의 존재를 모르지 않는다. 그래서 이번엔 나름대로 변화의 모습을 보이며 주민에게 다가갔지만, 주민들이 외면한 것이다.

이 두 곡은 김정은과 당 간부들이 관람한 국무위원회 연주단 공연에서 처음 발표했다. 조선중앙TV는 2021년 6월 22일 공연의 녹화 실황을 방영했고, 6월 24일에는 뮤직비디오 형태의 영상 편집물도 공개했다. 녹음실에서 노래하는 가수, 바닷가에서 바이올린을 켜는 연주단원, 드레스를 입고 진지하게 연주하는 모습, 단원들의 장난스러운 표정 등 한국 뮤직비디오를 모방한 영상이다.

이렇게 유연하게 다가가도 대중은 반응이 없는 것이다. 시대가 변했는데, '윗대가리'들은 변화의 속도를 따라가지 못한다. 어쩌면 변화 자체를 인정하기 싫은 건지도 모른다. 정말 인정하기 싫은 건 북류(北流)가 한류(韓流)에 완전히 밀렸다는 사실일 수도 있다.

이시마루 지로 '아시아프레스 인터내셔널' 편집장은 오랫동안 북한 문제에 천착해온 전문가다. 북한 내부에 비밀 취재원을 두고 생생한 뉴스를 전한다.

그는 "한국의 문화적 침공은 김정은과 북한이 견딜 수 있는 수준을 넘어섰다"고 평가한다. '아시아프레스 인터내셔널'이 입수한 북한 정권 문서에 따르면, 북한 청년 사이에서 한국 콘텐츠와 한국식 말투가 대유행이다. 예를 들면 남자 친구에 대한 호칭이 '동지'에서 '오빠'로 바뀐 것 등이다. 말투가 바뀌면 생각도 바뀐다. 바뀐 생각은 달라진 행동을 낳는다. 한국 드라마 속 청춘들의 행동이 북한 젊은이들에게도 영향을 끼치는 것이다. 주인공 말투까지는 어찌어찌 따라 할 수 있는데, 옷차림은 따라 할 수 없는 것이 문제다. 귀고리, 머리염색, 청바지, 짧은 치마, 민소매를 엄격하게 단속하는 곳이 북한이다. 하지 말라면 더 하고 싶은 건 인지상정. 다른 건 다 참아도, '내로남불'만큼은 못 참는 건 남북 청소년이 같지 않겠는가. 이전 세대와 다른 건 이들이 통제에 순응하는 것이 아니라 반항한다는 점이다.

김정은은 '한류'를 막을 방법이 없다. 북한에는 '호기심'과 '재미'를 생산할 능력이 없기 때문이다. 창의력의 바탕은 자유인데, 북한에는 자유가 없지 않은가. 한류 맛을 본 '자유주의자'들은 어디로 얼마나 어떻게 튈지 모른다. 그래서 무섭다. 김정은 머릿속 내전의 반군은 오늘도 신나게 진군 중이다. 김정은의 머리 밖 현실 세계에서도 진군 중이다. 흥겨운 노래와 춤, 그리고 재미있는 이야기가 그들의 무기다. 팔레비 왕정을 무너뜨린 호메이니 혁명의 별칭은 '카세트테이프 혁명'이다. 호메이니 연설이 카세트테이프에 담겨 이란 내부로 밀반입되었고, 밀반입된 '말'이 정권을 뒤엎었기 때문이다. 문화 콘텐츠는 힘이 세다. 그렇다면 북한 혁명의 별칭은 무엇이 될까? 아버지는 한국 드라마와 영화에, 아들은 할리우드 스타인 장 클로드 반담의 영화에 심취했던 김 부자 역시 재미와 진실의 힘을 모르지 않을 것이다.

'오빠야~' '자기야~'라는 말을 비정치적이다. 정치적으로는 아무 내용이 없다. 하지만, 이 말이 통용되는 순간 사회적 분위기를 모두가 감지하게 되는 것이다. 변화의 분위기를 감지하면 사람들은 자신감을 갖게 된다. '아, 우리 편이 많구나.' 체제를 뒤엎는 혁명이 성공하려면 지지하는 사람들이 많아야 한다. 숫자의 문제다. 얼마나 많은 사람이 나와 생각이 같은지를 알려주는 신호가 중요한 이유다. '오빠야~' '자기야~' 같은 간단한 말이 생각보다는 엄청난 파괴력을 지니고 있는 것이다. 북한에서는 단 한 번의 결정적인 시위가 김정은의 몰락을 부를 수도 있다. 그리고 만약 시위가 벌어진다면, 시위로부터 김정은 몰락까지의 기간은 상당히 짧을 것이다.

키워드 열둘

•

스포츠 코리아

1.

현대사를 논하는 이 책에서 왜 느닷없이 스포츠인가? 첫째, 스포츠가 현대사회에서 매우 중요한 제도이기 때문이다. 둘째, 스포츠가 자유 시민들에게 매우 훌륭한 비강요적 교육수단이기 때문이다.

할리우드에는 좌파가 많고 메이저리그에는 우파가 많다. 사실인가? 사실이다. 왜? 예술과 스포츠가 갖는 속성 때문이다. 이 둘은 어떤 의미에서는 사회적 쌍생아다. 둘 다, 인간이 먹고사는 문제와는 직접적 관련이 없는 영역에서 벌어지는 활동이지만, 현대사회의 주요한 제도 가운데 하나로 산업화에 성공했다. 재능이 뛰어난 개인이 부와 명예를 독점하는 승자독식구조(winner take all)라는 점도 같다. 궁극적으로는 대중들이 판관 역할을 수행하는 '대중 의사 결정 시장'이라는 점도 동일하다.

'뛰어난 개인'이라는 것도, 바로 아랫단계의 재능과 비교하면 아주 미세한 차이를 보일 뿐이지만, 이 '아주 미세한 차이'에 거액을 지불하는 고객이 존재한다는 점에서도 예술과 스포츠는 서로 닮았다. 하지만 승자가 되는 방식에 차이가 있다는 점이 이 둘을 좌우로 가른다.

예술도 스포츠처럼 예술가로서의 재능이나 자질, 그리고 작품으로 드러나는 결과에서 일류들과 그렇지 않은 사람들 사이에 분명한 차이가 존재한다. 하지만, 일류들 사이에서 승자를 결정하는 제1의 요인은 '대중의 취향'이다. 비운의 천재, 저주받은 걸작, 시대를 앞서간 예술가 같은 표현은 예술적 완성도를 극한으로 끌어올렸으되 당대의 취향과 어긋나 부당하게 잊혀진 작품들에 바치는 후대의 찬사다.

시대의 흐름 자체를 인위적으로 조절해 본인의 예술적 기호와 대중의 취향을 일치시킬 수 있는 작가는 없다. 예술은 시대의 흐름이 바뀌었다고 단기간에 U턴 할 수도 없는 분야다. 조각가가 어느 날 갑자기 영화감독이 되거나 시인이 건축가가 되는 일은, 농구선수가 야구로 전향하고 마라토너가 유도선수로 종목을 바꾸는 일만큼이나 쉽지 않을 터이다.

따라서 예술가들은, 당대의 예술적 승자를 결정하는 궁극적 기준으로 '행운'을 꼽는다. '취향'이나 '행운'은 객관적 측정과 예측이 불가능한 잣대다. 바로 여기가 예술가들의 좌파적 성향이 태동하는 지점이다. 승자는 승자대로, 자기의 뛰어난 재능을 한참이 지나서야 '뒤늦게' 발견해 준 대중과 사회를 원망한다. 어쩌면, 대중의 취향이 끊임없이 변한다는 걸 모르지 않기에, 언제 어느 순간 하루아침에 잊혀진 존재가 될지도 모른다는 불안감이 그들을 더욱더 왼편으로 몰아가는지도 모른다.

패자는 패자대로, 승자를 결정하는 방식에 문제가 많다고 느낀다. 왜 하필이면 내가 아니고 저 친구인가. 내가 저 친구보다 못한 점이 무엇인가. 세계에서 단 하나 뿐인, 독특한 무언가를 만들어내는 존재에게 사회는 이 정도 대우밖에 하지 못하는가….

기실, 예술은 유연하고 기발한 사람들이 재능을 발휘할 수밖에 없는 분야다, 보는 각도에 따라서는 삐딱하게 비칠 수도 있는. 예술(art)의 반대가 자연(nature)라고 한다면, 예술은 인공적인 요소가 가미된 모든 것의 총칭이다. 농업, 길 닦기, 뜀박질 등 인류의 모든 행위가 바로 '아트'다. 이토록 무수히 많은 '아트' 가운데서 주목을 받으려면, 다시 말해 직업적 예술가의 경지로 뛰어오르려면, 그동안 존재하지 않았던 극한까지 자기의 아이디어와 재능을 밀고 나가지 않으면 안 된다. 이제껏 존재한 적이 없던 무언가를 만들어내는 것이 직업적 예술가들의 존재 이유라는 뜻이다. 파괴 없이는 혁신이 일어나지 않는 것이다.

위대한 예술작품은 따라서, '생산비용'이라는 요소의 고려 없이, 인류가 만들어낸 모든 생각과 행위와 아이디어의 극한점에서 한 걸음 더 나아간 결과물이라고 말할 수 있다. 투입(in-put) 없이 산출(out-put)이 있을 수 없다는 원리에 따르면, 예술품 제작에 들어간 생산비용은 예술가의 생애 자체다. 평생을 걸고 매진한 결과가 우연적 요소에 의해 판가름난다는 것. 여기에 예술가들이 구조적으로 좌편향일 수밖에 없는 이유가 있다.

그렇다면 스포츠는? 스포츠의 기본 뼈대는 '경쟁'과 '객관'이다. 재능있는 개인이 생애를 걸고 노력하면 그에 상응한 보상이 따른다는 구조는 예술과 스포츠 사이에 차이가 없다. 오심도 경기의 일부이고 부상이나 사고가 재능 있는 선수의 앞길을 막는 경우가 없는 것은 아니지만, 예술에 비하면 스포츠는 승자를 결정하는 방식에 우연적 요소가 개입될 가능성이 거의 없다. 이것이 핵심이다.

수영, 양궁, 사격, 육상 등은 선수 개개인의 능력을 '기록'으로 평가한다. '기록'은 선수 본인은 물론, 코치 관중 기타 모든 사람들이 곧바로 납득할 수밖에 없는 객관적 데이터다. 무시무시할 만큼 엄정하고 누구도 부인할 수 없는 기준인 셈이다.

구기 종목의 경우, 스코어가 기록을 대신한다. 오죽하면 프로야구단은 거의 매일 주주총회를 여는 기업과 같다는 이야기가 나돌

겠는가. 프로구단의 가장 중요한 자산은 경기력이다. 매일 경기를 치르다 보면 관중들과 미디어에게 각 구단의 실력이 속속들이 드러난다. 피해갈래야 피해갈 길이 없는 것이다.

스코어 이외에도, 구기종목 역시 수많은 '기록'을 챙긴다. 야구의 경우, 관중들을 매혹시키는 건 개인 타율, 시즌 최다승, 역대 홈런 순위 같은 '기록'이다. 선수들의 플레이 하나하나가 모두 자료가 돼 흔적을 남긴다. 이 말은 무슨 뜻인가? 등위가 아니라 기록에 초점을 맞추는 순간, 모든 스포츠 선수들의 경쟁상대는 종횡으로 늘어난다.

'기록'은 역사다. 물리적으로 실재하는 눈앞의 상대만이 아니라, 역대 모든 선수들의 업적, 즉 '역사'가 선수들의 경쟁상대로 화한다는 이야기다.

업적을 평가하는 '객관적 잣대'가 이러한 무한 경쟁의 진정성을 보증한다. 예술사를 관통하는 객관적 혹은 객관적이라고 인정할 수 있는 기준은 유감스럽게도 존재하지 않는다. 앞으로도 존재할 가능성이 없을 터이다. 일류의 지위로 나아가지 못한 사람이 발생하는 건 예술이나 스포츠에 차이가 없지만, U턴이 어렵다는 것도 공통이지만, 스포츠의 세계에서 패자들이 품는 억울한 감정의 총량은 예술계의 그것에 비해 극소량에 지나지 않을 수 없는 이유다.

많은 분들이 한국 사회의 좌경화를 걱정한다. 그리고, 한국 사회가 좌경화한 이면에 예술을 통한 프로파간다가 막대한 역할을 수행했다고 개탄한다. 좌경화의 부정적 측면, 다시 말해 모든 것을 남의 탓으로 돌리고 자조자구(自助自救)보다는 사회적 부조에 기대며 공적 질서를 무시하는 풍조가 만연한 것이 예술적 선동의 결과라고 보는 것이다. 이 같은 견해가 부분적으로는 진실일 수도 있다. 예술은 인류 생활에 직접적인 영향을 끼치지 않는다. 그러나 인간의 내면에 정서적 영향을 끼쳐 내면의 본질을 바꾸는 힘이 있다.

공자(孔子)도 일찍이 감성의 중요성을 간파했다. '시어흥 입어례 성어악(詩於興 立於禮 成於樂)'이라는 《논어(論語)》의 구절을 파고들어 보자. 공자는 당대의 구전가요 300여 수를 모아 《시경(詩經)》을 편찬했다. 공자가 말하는 '시'란, 인간이 느낄 수 있는 다양한 감정상태를 채집한 '느낌의 표본'이다. 인간이 체험할 수 있는 감정상태의 폭은 무변광대(無邊廣大)가 아니다. 그렇다고, 미지의 영역을 넓게 남겨두고서는 군자(君子)의 도를 행하기 어려우니, 공자는 시를 통해 다양한 감정상태를 간접체험하라고 말씀하시는 것이다.

'예'란 감성을 다잡는 절차다. 흥이 올랐다 해도 어떤 절차 속으로 들어가 타인에게 피해를 주지 말라는 가르침이다. 흥겨움과 예절의 정반합(正反合)적 결과물이 바로 '음악'이다. 음악은 음계(音階)를 바탕으로 성립한다. 음계 사이의 간격이 바로 예술적 질서를 만든다. 음악은 질서와 절차, 즉 '예'를 통해 '흥'으로 나아가는 방법론이다. 흥겨움에 일어나고 예로써 이를 다잡고 음악으로 이를 완성하라는 이야기는 그러므로 '정서적' 반응이 인간 문명의 근간을 이룬다는 통찰은 혹시 아닐는지.

그렇다. 어떤 느낌에 감화돼 감성적으로 돌아선 사람을 이성적으로 설득한다는 건 불가능에 가까운 일이다. 인간은 이성(理性)보다는 감성으로 소통하기를 원한다. 그것이 인간 본능에 내장된 DNA의 본질이다. 이성은 훈련과 교육을 통해 다다르는 인위적 경지지만, 감성은 그 자체로 타고나는 본디 상태다. 감성에 호소하는 예술은 그래서 무섭다.

예술의 작동원리는 휴머니즘과 동정심(pity)이다. 문제는, 이러한 감정상태가 국가나 사회의 기본 작동원리가 될 수는 없다는 사실이다. 일부 극소수 예술가들은 예술적 작동원리와 정치적 사회적 작동원리를 고의로 뒤섞는다. 다른 사회의 가장 좋은 점과 우리 사회의 가장 나쁜 점만을 귀신같이 찾아내서 비교하는 놀라운 선별력을 보이기도 한다.

데모꾼 중에도 주동자, 적극가담자, 단순가담자가 있듯 정치적 견해를 표출하는 예술가들도 여러 층위가 있다. 문제는, 이들이 지닌 동기의 농도와 상관없이 예술이 때로는 공동체를 파괴하는 자양분으로 작동한다는 데 있다. 게다가, 현대사회의 미디어 환경이 정치적 의도를 가진 예술가들에게 이로운 환경을 제공한다는 사실도 고려의 대상이다. 인터넷은 예술적 결과물을 싼값에 널리 퍼뜨리는 유통망으로 기능한다.

우리나라의 경우, 특정 정치세력은 예술가-인터넷 사용자-인터넷 매체-오프라인 매체-예술가…로 이어지는 순환고리를 장악했다. 한 가지 생산품을 다양한 각도에서 선전해 활용도를 극대화하는 사회적 구조를 완성했다는 뜻이다. 인터넷은 특정세대와 기계 친화적 사용자들에게 압도적으로 유리한 환경이며 따라서 인터넷 상의 여론은 그만큼 왜곡된(bias) 의견이라는 것이 실체적 진실이지만, '첨단'이며 '목소리가 크고' '실시간으로 반응'한다는 역동성이 인터넷 신화를 증폭시킨다.

본질적으로 좌편향일 수밖에 없는 예술에 이어 인터넷 공간까지 점령당하면, 이 둘 사이의 시너지가 극대화하면, 대중들의 감성이 어느 한 편으로 기우는 건 순식간일 터이다. 다양한 가치와 의견이 다양한 방법으로 표출되는 것이 그렇지 않은 사회에 비해 보다 나은 사회라고 믿는다면, 현실을 개탄하기 전에 다양한 가치가 유통될 수 있는 방법을 고민해야 한다.

그래서 스포츠다. 현대사회에서 스포츠가 지닌 선기능을 활용하자는 이야기다. 건실한 사회는 롤모델, 다시 말해 영웅이 주기적으로 출현하는 사회다. 스포츠는 사회적 제도 가운데 영웅제조비용이 가장 적게 소요되는 분야다.

산업화의 여파로, 현대사회는 다가치(多價値) 다원화(多元化) 사회로 빠르게 변모했다. '단 하나'의 표준화된 기준은 이미 사라졌다. 누구에게는 정말로 본받고 싶은 인생이 누구에게는 별로 의미가 없어 보이는 생애일 수 있다. 일부의 칭송을 받는 행위가 다른 사람들에게는 비난의 대상이 될 수도 있다. 누구는 정치가를 상찬하며 그의 생애를 닮고 싶어 하지만, 반대편에는 정치인을 혐오하는 그룹이 존재한다. 연예인, 과학자, 성직자에 대한 평가도 마찬가지다. 게다가, 자기 분야에서 정상에 오른 사람이라도, 언제 어디서 어떤 노력을 거듭했는지를 깔끔하게 밝혀내기는 불가능하다.

스포츠는 그런 점에서 가치중립적 객관성을 담보한다. '정해진 틀 안에서 공정하게 경쟁한 끝에 정상에 오른' 팀과 개인은 그래서 현대사회의 영웅이자 롤모델이다. 영웅담(英雄譚)은 인간 감성에 호소하는 가장 뿌리가 깊고 파장이 큰 예술장르다. 영웅이 만들어내는 교육효과는 판이 크고 진지할수록 오래가고 길게 남는다. 프로스포츠의 승자가 추앙을 받는 건 진지함 때문이다. 최고의 재능들이 오직 그 한가지에만 매달려 빚어내는 경쟁의 순도! 프로스포츠는 질적인 면에서의 완전경쟁 시장이다. 성리학적 '정신승리'가 발붙일 수 없는 분야다. 물론 졌잘싸, 경기에 이기고도 판정에 졌다. 우리가 실질적 승자 등등, 정신승리형 발언이 없는 것은 아니지만.

2.

그래서 그랬을까? 80년대 운동권이 입만 열면 하던 이야기가 있다. '3S 우민화 정책'이다. 스크린(Screen), 스포츠(Sports), 섹스(Sex)다. 야한 영화 양산, 프로스포츠 창설, 향락산업의 음성적 지원을 통해 군부 정권이 전국민의 우민화(愚民化)를 조장한다는 얘기였다. 지금은 그들 중 아무도 이 이야기를 하지 않는다. 영화는 자기들이 헤게모니를 장악해서, 스포츠는 괜히 이야기를 꺼냈다가 총합계 1천만을 넘어 헤아리는 야구팬, 축구팬, 농구팬, 배구팬들에게 욕먹을까 봐 그러는지도 모르겠다. 그럼 섹스에 대해 비판하지 않는 건 왜일까? 70년대 초반부터 지금까지 쭉 스포츠를 사랑하는 사람으로서 3S를 부르짖었던 사람들 중 누가 반성했다거나 참회했다는 이야기를 들어본 적이 없다. 그래서 유감이다. 자기 잘못을 절대 인정하지 않는 것도 십(十) 선비들의 유구한 행동양식이다. 그렇다면 스포츠는 대한민국 현대사에서 어떤 의미를 가지고 있는 제도일까?

한국 체육(體育)의 출발점은 구한말의 선교사 학교다. 체육은 전(前)근대적 백성이 근대적 국민으로 거듭나는 근대화 통로 가운데 하나였다. 문학, 신극(新劇), 동요, 잡지, 신문 등과 마찬가지로, 체육은 계몽주의를 바탕에 깔고 '정신과 신체의 단련과 통제'라는 개념을 이 땅에 들여왔다. '엄정한 규칙과 규칙 내의 질서 있는 경쟁'이라는 화두(話頭)도 신선했다. 운동회라는 제도, 운동회의 운영 방식, 맨손 체조(體操), 각종 경기와 경기 도구는 그래서 전근대적 백성을 근대적 시민으로 변모시키는 가장 효율적인 수단 가운데 하나였다. 체육이 근대문명(近代文明)과 동의어였던 이유다.

근대는 서양 문명이 전 세계에 걸쳐 막대한 영향력을 행사하던 시기다. 유럽과 미국은 군사력과 경제력에서 타(他) 대륙을 압도했다. 무기의 발명과 산업혁명이 타 문화권 나라들을 식민화할 수 있었던 배경이다. 이 둘을 가능하도록 만든 저변(低邊)은 과학기술이다. 그렇다. 근대는 '자연과학의 시대'였다. '과학'이 다른 모든 방법론보다 우월하다고 모두가 믿던 시대다. 체육과 스포츠는 인간 신체를 단련하는 과학적 방법론이자 그 성취도를 계량하는 과학적 측정법이기도 했다. 의학과 더불어, '인간의 몸'을 중심에 놓고 펼치는 실체적 과학이었다. 그래서 체육은 곧 근대였다.

손기정 선수의 베를린올림픽 우승은 일제하 한국인들에게 '한국인의 가능성'을 알려준 쾌거였다. 그렇다. 1936년 베를린올림픽 마라톤 손기정의 우승과 남승룡의 동메달 획득은 민족사적 사건이다. 베를린올림픽은 이전까지 박람회의 일부처럼 열리던 올림픽 행사를 본격적인 스포츠 제전(祭典)으로 격상시킨 사실상의 첫 대회다. 히틀러의 나치 정권은 나치 체제의 우수성을 전 세계에 과시하려는 목적으로 개최, 홍보, 운영에 전력을 기울였다. 기록 영화를 제작하고 성화(聖火) 채화 등을 통해 상징성을 더했다. 이전까지 개인의 기량 대결이라는 성격이 더 강했던 올림픽은 1936년 베를린 대회 이후 지구 최대의 평화적 국가 대항전이라는 암묵적 의미를 획득한다.

따라서 베를린올림픽은 대회 이전부터 세계적 주목의 대상이었고, 가장 장거리를 달리는, 그래서 '인간 한계에 도전하는 경기'로 불리던 마라톤에서 식민지 조선 청년이 우승했다는 사실은 민족적 열패감(劣敗感)을 걷어내는 신호탄이기에 충분했다. 지구상에서 가장 화려하고 권위 있는 대회, 세계 최고의 건각(健脚)들이 우승을 다툰 대회에서 우리가 1등을 했다는 이야기가 아닌가. 전 조선이 흥분했다. 《동아일보》앞 광장에 모여 있던 군중은 '실황중계 속보' 걸개가 내걸릴 때마다 환호작약(歡呼雀躍)했다. 가히 길거리 응원의 효시(嚆矢)라 할 만하다. 심훈(沈熏)이 우승 축시(祝詩)에서 "인제도 인제도 너희들은 우리를 약한 족속(族屬)이라고 부를 터이냐!"라고 포효한 한마디가 당시의 정서를 웅변한다. 지금은 사정이 여의치 않아 식민치하에서 신음하고 있지만, 군사력·경제력이 세계와 격차가 상당한 것이 사실이지만, 언젠가는 우리도 세계 정상에 오를 수 있다! 마라톤처럼, 그것도 세계신기록으로 최고의 능력을 보여줄 수 있다! 손기정과 남승룡의 성취는 장기적으로 실력을 기르면 우리도 세계열강(列強)으로 진입할 수 있다는 또렷한 증거였다. 모두 다 납득하고 인정할 수 있는 업적이었다. 그래서 파장이 컸다. 우리 민족의 마인드 셋(mind set)이 대중적 차원에서 가장 극적으로, 가장 단기간에 바뀐 변곡점(變曲點)이다. 단순한 '올림픽 금메달, 동메달 각 1개'가 아니라는 말이다. 전후(戰後) 70년 동안의 한국 스포츠사는 바로 심훈이 손기정과 남승룡에게서 보았던 '한국인의 가능성'을 보여주는 기록이었다.

전후 70년의 스포츠를 이야기하자면 박정희(朴正熙) 대통령을 언급하지 않을 수 없다. 박정희 시대는 스포츠를 육성하는 '정책' 개념이 들어온 최초의 시대다. 제도, 법률 등을 만들고 체육학교, 선수촌 등을 세웠으며 국제대회 입상을 연금과 연계해 금전적 보상도 확실하게 했다. 계기는 올림픽이다.

대한민국은 1948년 런던올림픽부터 선수단을 파견했다. 1964년 인스브루크동계올림픽에 사상 최초로 출전한 북한은 이후 참가하지 않다가 우여곡절 끝에 1972년 뮌헨올림픽에 선수단을 파견한다. 사격 이호준은 금메달 획득 후 호전적(好戰的) 수상 소감으로 물의를 일으켰다. "수령님이 말씀하신 대로, 미제 털북숭이 심장을 겨눈다는 심정으로…" 운운. 명백한 스포츠 정신 위반이었다. IOC가 메달 박탈까지 고려했지만, 북한은 "통역 과정에서 오역(誤譯)이 있었다" "이호준이 현역 군인이라는 점을 감안해달라" "세계신기록을 세운 나머지 흥분해서 그랬다"라고 스포츠 외교전을 펼치며 금메달을 지켰다.

남북이 직접 대결한 복싱 경기와 여자배구 3·4위전에서 대한민국이 모두 지고, 은메달(유도 오승립, 재일동포) 1개에 머물며 메달 레이스에서도 패하자 국민 사기에 막대한 지장을 초래했다는 지적이 나왔다. 올림픽, 아시안게임 등 국제 스포츠대회 성적이 체제경쟁과 관련이 있다고 생각하던 시절이다. 국가 주도의 체육 진흥 정책을 마련하게 된 배경이다.

정책의 성과는 확실했다. 1974년 테헤란아시안게임, 1976년 몬트리올올림픽, 1978년 방콕아시안게임에서 우리는 북한을 간발의 차로 제치며 앞서 나가기 시작했다.

1976년 몬트리올올림픽에서 레슬링의 양정모는 건국 이후 최초의 금메달을 획득하며 민족적 여망을 실현했다. 한민족으로 범위를 넓히면 손기정, 새미 리(다이빙/미국), 이호준, 넬리 킴(체조/소련)에 이은 다섯 번째 금메달리스트다.

올림픽이 끝난 후 청와대를 예방한 자리에서 "동독(東獨)과 같은 작은 국가도 금메달을 많이 따는데 대한민국은 왜 금메달을 못 따느냐?"는 박정희 대통령의 질문이 나왔다. "그들은 국립체육대학이 있어서 과학적인 훈련을 합니다"라고 대답한 사람은 정동구 코치다. 1972년 정부가 예산 절감을 이유로 '소수정예'의 파견을 결정한 탓에 양정모의 뮌헨행은 무위로 돌아갔다. 은퇴하겠다는 양정모를 "4년 후에는 내가 집을 팔아서라도 올림픽에 보내주마"라고 설득, 다시 매트로 불러낸 사람이 바로 정동구 코치다. 정동구가 없었다면 양정모도, 금메달도 없었다. 그래서 정동구는 대통령 앞에서 당당하게 소신을 밝힐 수 있었던 것이다.

박정희 대통령은 그 자리에서 국립체육대학 설립을 지시했고, 그해 12월 30일 대통령령 제8322호에 따라 한국체육대학교를 설립했다. 한체대는 1977년 3월 19일 개교, 14개 종목 120명을 전원 체육특기자로 선발하며 고고(呱呱)의 성(聲)을 울렸다. 설립 목적은 '심신이 조화를 이루는 전문 체육인과 국위(國威) 선양을 위한 우수선수 양성'이었다. 이후 한국체대는 수많은 국제대회에서 수많은 금메달을 획득하며 전 세계 스포츠의 지형을 바꾼다.

대한민국은 1980년대 들어 더욱 북한과 격차를 벌렸고, 1990년대 이후로는 경쟁의 층위 자체를 바꿨다. 북한은 이제 더 이상 한국과 비슷한 레벨에서 경쟁하는 상대가 아니다. 남북의 경제력 차이가 벌어지던 시점과 국제 스포츠대회 성적 사이에는 의미 있는 비례관계가 있는 것이다.

3.

현대사회에서 스포츠는, 축구 한 종목만을 보더라도 보험 산업과 자동차 산업 사이에 자리한 11번째 규모의 거대 산업이다.

2023년 현재 한국은 야구, 축구, 농구, 배구 등 여러 종목의 프로 스포츠 리그를 운영하는 선진국이다. 단, 산업화의 측면에서 보자면, 발아기를 거쳐 부흥기를 지나 성숙기로 넘어가는 과도기적 상황이다. 프로스포츠 창립 40주년이 지났지만, 아직까지는 영업이익을 내고 흑자를 달성한 구단이 나오지 않았기 때문이다.

프로스포츠는 한 사회가 '전문 기능 체육인'의 가치를 높이 평가하고, 그들이 생계를 유지할 수 있는 구조가 갖춰져야 비로소 성립한다. 이 점은 왜 중요한가. 다양한 재능을 다양하게 발휘할 수 있는 사회가 복지사회이기 때문이다. 재능이 있어도 재능을 발휘할 무대가 없는 사회를 생각하면 답이 나온다. 만약 펠레나 메시가 조선 시대 이 땅에서 태어났더라면, 그들은 '몸이 날랜 일꾼' 정도로 일생을 살았을 것이다. 박세리가 1950년대에 태어났더라면 그녀의 재능은 가부장적 분위기와 골프의 존재가 희미했던 시대적 상황과 맞물리며 아예 능력과 재능을 발휘할 기회조차 얻지 못했을 가능성이 크다.

예를 하나만 더 들어보자. 아시아권에서 가장 많은 나라가 가장 적극적으로 참가했으며 가장 오래전부터 열렸고 정기성(定期性)을 훼손하지 않은 대회가 있다. 1959년부터 시작, 2년마다 열리는 아시아청소년축구선수권대회다. 요즘에는 U-20 아시안컵으로 불린다. 20세 이하라면 그래도 당사자가 직접 생계를 해결하지 않고 살아가는 나이다. 연령대를 속이면 경기력의 우위를 점할 수 있기에, 실력 이상의 상위 입상도 가능하다. 이 두 점이 맞물린 결과가 아시아 청소년 축구의 번성이다. 성인이 운동을 통해 생계를 유지할 수 없다면, 아무리 빛나는 재능도 쓸모가 없다. 그래서 프로스포츠가 발전한 사회는 그렇지 않은 사회보다 복지가 발달한 사회다. 1970년대의 한국은 프로스포츠를 유지할 사회·경제적 토대를 아직은 마련하지 못한 나라였다. 그래도 씨앗은 뿌렸다.

'대한민국'의 존재감을 세계에 널리 알린 종목은 프로 복싱이다. '엽전'이라며 우리 스스로를 비하하던 시절, 김기수(金基洙), 홍수환(洪秀煥), 유제두(柳濟斗) 등이 대표한 프로 복싱은 개인적 차원에서 우리도 얼마든지 세계 정복이 가능하다는 것을 보여준 '선언적 스포츠'였다. 민족적 패배감을 희석시키는 제의(祭儀)였다. 함경도 태생으로 1·4후퇴 때 월남(越南)해 전라남도에 터를 잡은 김기수는 아마추어 전적이 87승 1패다. 그 1패는 1960년 로마올림픽에서 홈링의 니노 벤베누티에게 당한 것이다.

1966년 6월 25일 장충체육관에서 열린 WBA 주니어 미들급 타이틀매치는 국내에서 벌어진 사상 최초의 세계 선수권전이다. 챔피언을 불러올 파이트머니가 모자라 정부가 지급보증하며 경기를 성사시켰다. 링사이드에 임석한 박정희 대통령 내외 앞에서 김기수는 15회 판정으로 니노 벤베누티를 꺾고 세계 정상에 올랐다. 이 경기는 아마추어, 프로를 통틀어 벤베누티가 당한 첫 패배다.

명동에 있던 한국권투위원회에서 계체량을 마치고 벤베누티는 인근 이탈리아 식당에서 식사를 했다. "스파게티가 아주 맛있다"가 챔피언의 소감이었다. 이렇게 사소한 발언 하나하나가 다 언론에 나올 만큼 이 이벤트는 범(汎)국민적 관심사였다. 이 경기 실황을 담은 기록 영화가 만들어져 전국 영화관에서 개봉했다. 15라운드 경기 실황을 거의 그대로 담은 필름이다. 텔레비전 수상기의 보급률이 높지 않았기에 몇 달의 시차를 두고 상영해도 대중이 생중계에 준하는 실황중계(實況中繼)로 받아들이던 시절이다.

기록 영화가 있다면 기록 연극도 있다. 1936년 8월 23일부터 26일까지 동양극장에서 극단 청춘좌(靑春座)가 공연한 〈마라손왕 손기정(孫基禎)군 만세〉다. 8월 9일 손기정이 우승했으니, 당대 감각으로는 초스피드로 작품을 만들어 무대에 올린 셈이다.

8월 9일은 한국 스포츠가 잊지 못하는 날이다. 1992년 바르셀로나올림픽에서 56년 만에 우리 민족 두 번째로 마라톤 금메달을 목에 건 황영조(黃永祚)가 몬주익 언덕을 내달리며 1위로 결승선을 통과한 날도 8월 9일이기 때문이다.

프로 복싱이 민족적 콤플렉스를 해소하는 기제였다면, 한일(韓日) 사이의 민족적 콤플렉스를 씻는 종목은 프로 레슬링이었다. 첫판은 가벼운 승리. 둘째 판은 실력에 밀린 일본 선수가 반칙으로 우리 선수를 제압하며 부당하게 승리. 우리에겐 억울한 패배지만 심판은 일본 선수의 반칙을 모른 채 지나치고, 세 번째 판에서도 상황은 계속된다. 울분이 쌓일 대로 쌓여갈 무렵 관중이 목놓아 외치는 '박치기!' 한마디에 불현듯 각성한 김일(金一)은 악당을 연이어 메다꽂으며 마침내 정의(正義)를 실현하기 시작한다. 관중과 전국의 시청자가 미친 듯이 열광했다.

김일은 본디 호남을 평정한 씨름꾼이었다. 1등상 황소를 휩쓸던 장사였다. 하지만 미래가 보이지 않았다. 더 큰물에서 재능을 발휘하면 돈과 명예를 얻을 것만 같았다. 늘 전승(全勝)하다 16세 소년 장사에게 한판을 내주고 2대 1로 우승한 것도 도일(渡日)의 계기였다. 소년 장사의 이름은 김기수. 훗날의 복싱 세계챔피언, 바로 그 사람이다.

김일은 1956년 일본으로 밀항했다. 그리고 불법이민자 수용소에서 편지를 썼다. 수취인의 본명은 함경남도 홍원군이 고향인 김신락(金信洛). 역도산(力道山·1925~1963)으로 알려진 남자다. 역도산(일본식 발음으로는 '리키도산')은 스모 은퇴 후 일본 레슬링을 평정했다. 정확히 말하면, 일본에 프로 레슬링을 본격적으로 도입하고 인기 흥행물로 만든 인물이다. 일본 프로 레슬링의 흥행은, 일정 부분 '미국에 대한 일본인의 민족적 콤플렉스' 해소 기제로 볼 수 있다.

역도산은 미국 인맥을 활용, 당시 미국 및 여러 나라 레슬러를 일본으로 초청할 수 있는 유일한 프로모터였다. 인기몰이의 시발

점은 1953년 설립한 일본프로레슬링협회다. 역도산은 불법이민자 수용소에 갇혀 있던 김일의 보증인이 된다. '스승 역도산과 제자 김일'의 시작이다.

1959년 데뷔한 김일의 일본 링네임은 오오키 킨타로(大木金太郎), 역도산의 3대 제자가 아이누족 자이언트 바바, 한반도의 김일, 그리고 브라질 일본 이민자의 후손으로 알려진 '안토니오 이노키'라는 사실도 흥미롭다.

역도산 사후(死後), 1965년 김일의 귀국은 국내파 장영철과의 불가피한 주도권 다툼을 부른다. 그리고 장영철 사단의 천규덕이 김일 휘하로 이적한 사건은 뜻하지 않은 사회적 파장을 부른다. 장영철이 "프로 레슬링은 쇼다"라고 발언했다는 것은 사실과 다른 얘기다. 천규덕의 이적 발표 이후 "그럼 제대로, 사전 약속 없이 붙자" 비슷한 말을 한 사실은 있다. 그래서 '그럼 그동안은 사전 약속이 있었다는 말이냐'라는 의문이 일었고, 여기서 '프로 레슬링은 쇼'라는 인식이 생겼다.

프로 레슬링은 처음엔 프로 복싱처럼 진지한 스포츠였다. 세계적 권위지 《링 매거진》이 복싱 랭킹 이외에 프로 레슬링 세계 랭킹을 발표할 정도였다. 미국 암흑가의 개입 이후 프로 레슬링의 담합 경기가 생겼고, 말을 안 듣는 선수들을 실력 있는 레슬러를 고용해 제압한 뒤 다시 타이틀을 인기인으로 밀어주는 선수에게 넘기는 과정을 거쳐 '사전 약속에 따라 진행하는 드라마'로 진화했다.

하지만 사전 약속 없이 진행되던 시절에도 치명적 부상을 부르는 기술은 절대 금기의 반칙이었다. '허용되는 반칙'과 '절대 금기의 반칙'이 있었던 것이다. 사전 약속에 따라 진행하는 경우에도, 그에 상응하는 신체적 단련이 없이는 다이내믹한 동작 구현이 불가능하다.

아무튼, 장영철과 천규덕의 실전 대결은 '스승을 차마 공격할 수 없었던' 천규덕이 링에 올라 장영철의 당수 공격을 허용한 뒤, 링을 내려와 경기를 포기하는 것으로 마무리되었다. 경기 전부터 분에 못 이겨 천규덕이 입장할 때까지 식식거리며 링을 돌던 장영철의 화난 표정은 올드팬들이 추억하는 명장면 가운데 하나다.

일본과 연계해 미국, 남미의 레슬러까지 초청하는 김일의 섭외력은 순식간에 그를 한국 프로 레슬링의 일인자로 만들었다. 장충체육관은 매주 인파로 미어터졌고, 텔레비전 생중계를 보던 박정희 대통령이 "조국의 명예를 빛내줘서 고맙소"라고 전화하면 "아닙니다, 각하! 대한남아로서 할 일을 했을 뿐입니다!"라는 박치기 왕의 화답이 이어졌다.

프로 레슬링은 당대 서민들의 고단한 일상을 위로하는 청량제였다. 열혈 정기 관람 관중 가운데는 유명인도 많았다. 당대의 톱스타 엄앵란은 결혼과 출산 이후에도 체육관 출입이 잦았다. 그냥 본 것이 아니라 소리를 지르면서 열정적으로 한국 선수들을 응원했다. 장내 아나운서가 "엄앵란 씨, 조용히 좀 하세요"라고 조크성

멘트를 날릴 정도였다. 톱스타들은 레슬링 이외에 복싱 경기장 출입도 많이 했다. 해방 후 최고의 복서 강세철(康世哲)의 아들 허버트 강은 도금봉과 함께 살았고, 밴텀급 세계 2위 이원석(李元錫)의 후원 회장은 최무룡 아니면 신성일이었다. 영화인들이 복서들을 후원하던 할리우드의 유행을 수입한 결과다.

어쩌면 이 현상은 근대 이행기의 풍경인지도 모른다. 당대 최고의 남성성(男性性)을 씨름판 장사로부터 구하던, 그래서 우승자의 샅바가 튼튼한 아들을 낳는 부적처럼 고가에 거래되던 시절이 있었다. 1960년대 이후엔 남성성의 상징이 복싱과 프로 레슬링으로 옮겨온 것이다. 레슬러는 장대했고 복서들은 견고했다.

박정희 대통령이 격투기 관람에 취미가 있었다는 건 사실인 듯하다. 다만, 경호실에 근무하던 전두환(全斗煥) 장군이 박정희 대통령과 TV 권투 중계를 같이 보며 "각하, 저 친구는 폼이 글렀습니다"라고 해설을 했다는 전설은 확인이 필요하다. 필자는 사실이라고 믿는다.

전두환 대통령은 청와대에서 권투를 보다 현장으로 전화를 걸기도 했다. 예를 들면 1981년 7월 19일 대구실내체육관에서 열린 챔피언 페드로 플로레스(멕시코) 대 김환진의 WBA 주니어 플라이급 타이틀매치. 10라운드가 끝나고 장내 아나운서가 "지금 대통령께서 청와대에서 이 경기를 보고 있다고 연락이 왔다!"고 방송했다. 관중은 함성으로 호응했고, 김환진은 13회 TKO로 세계 정상에 올라 국민들의 성원에 보답했다. 챔피언의 일성(一聲)은 "이 승리를 동생에게 바칩니다!" 반포 어디의 지하상가였던가, 서울에서 떡볶이집을 하며 자기를 뒷바라지한 여동생을 세계챔피언 오빠는 결정적인 순간에 잊지 않았던 것이다.

4.

1971년 5월 2일 대통령배 국제축구대회에서 시축하는 박정희 대통령. '박스컵'은 한국의 성장을 세계에 알리는 이벤트이기도 했다.

흔히 '박스컵'이라고 불렸던, 1971년에 처음 열린 대통령배 국제축구대회도 올드팬들의 머릿속에 선명한 기억을 남긴 행사다. 이 대회는 우리가 주빈(主賓)이 되어 다른 나라를 초대한 사상 첫 정기 국제스포츠 이벤트다. 이전까지, 우리가 중심이 되어 다른 나라를 정기적으로 초대하고 대접하며 이를 대중에게 공개하고 참여를 권유한 행사는 없었다. 그래서 이 대회는 대한민국이 전화(戰禍)를 딛고 일어섰으며 생계 문제를 해결했고 따라서 당당한 국제사회의 일원으로서 다른 나라와 어깨를 견주게 되었다는 대외(對外)·대내적(對內的) 선언이었다.

당시 아시아 각국은 프로 축구를 하고 싶었지만 여건이 미비했다. 그래도 국가대표팀은 프로팀 수준으로 유지할 실력은 있었다. 말레이시아의 메르데카, 태국의 킹스컵, 일본의 기린컵, 인도네시아의 독립기념대회 등은 아시아 각국이 운영하던 순회 서키트 축구대회다.

'박스컵'은 1975년부터 동남아팀 이외에 중동팀(이란, 바레인, 레바논 등), 1976년 브라질(상파울루주 선발), 뉴질랜드, 1977~1979년엔 영국 아마추어팀, 미국(북미프로리그 팀), 모로코 등 탈(脫) 아시아로 초대 손님을 늘린다. 대한민국의 경제성장, 특히 중화학 공업의 육성과 대통령배의 세계화가 시기적으로 밀접한 관련이 있다는 점이 흥미롭다.

1979년 9월 8일 한국에 8대 0으로 패한 기록은 아직까지도 수단 대표팀의 최다 점수 차 패배 기록이다. 전반에만 6대 0으로 점수 차가 크게 벌어지자 열혈 자칭 응원단장이 벌떡 일어나 관중석 앞으로 나왔다. "손님 대접이 이래서는 곤란하니 우리라도 수단을 응원합시다!" 수단 선수들도 우리의 의도를 알아야 하니 우리말 응원은 별무소용(別無所用). 그래서 즉석 회의 끝에 관중 일부가 연호한 구호가 "플레이 플레이 수단(Play Play Sudan)!"이다.

1981년엔 몰타, 리히텐슈타인 등 유럽 소국도 한국에 왔다. 당초 대한축구협회가 접촉한 나라는 스위스였으나 스위스는 자국 일정상 참가가 곤란하다며 리히텐슈타인을 추천했다. 축구협회는 있었지만 대표팀은 없었던 리히텐슈타인은 왕복 항공료 및 체재비

전액을 제공하는 제의에 감격, 대표팀을 결성해 한국으로 보냈다. 7월 14일 몰타와의 데뷔전은 1대1 무승부, 다음 경기 태국에는 0 대2로 졌지만 22일 인도네시아를 3대2로 물리치며 A매치 사상 첫 승리를 신고한다. 유럽의 소국이 대표팀의 역사를 제3국 대한민국 에서 시작한 특별한 경우다. 이후 리히텐슈타인은 각종 유럽 대항 전에 개근하며 나름대로 존재감을 드러내고 있다. 1970년대의 인 기 순정만화《유리(琉璃)의 성(城)》의 주인공이 리히텐슈타인 공(公)이 었다는 사실도 살짝 말씀드린다.

축제성(祝祭性)을 가장 잘 드러낸 종목은 고교 야구다. 지방 명문 교마다 야구팀을 만들어서 고교 야구는 마치 지역 대항전의 성격 을 획득했다. 고교 야구 전국대회(조선일보 청룡기, 중앙일보 대통령배, 한 국일보 봉황기, 동아일보 황금사자기)는 매 경기 3만 이상의 관중을 동원 하는 최고의 이벤트였다.

그 학교 졸업생이 아니더라도, 출신 도시 고교팀이 지역 예선을 통과, 서울운동장에서 경기를 치르는 날은 남녀노소를 불문하고 출향인사(出鄕人士)들이 총집결했다. 동창회와 향우회, 각종 소모임 이 야구 경기를 중심으로 가지를 쳤다. 상승(常勝) 경북고, 역전(逆戰) 의 명수(名手) 군산상고, 최동원의 경남고, 장효조·이만수의 대구상 고, 선동열의 광주일고, 충남의 기수 천안북일, 서울의 강자 선린 상고와 신일고, 열혈응원의 덕수상고 등이 당대의 인기팀이었다.

이촌향도(離村向都)의 1970년대, 고교 야구는 고향과 현실을 이어주는 심리안정 기제이자 축제였다.

박정희 대통령 시절, 올림픽과 아시안게임이 남북 체제경쟁의 우위를 확인하고 한국의 발전을 세계에 알리는 이벤트였다면, 프로 레슬링은 서민의 애환을 달래준 피로회복제였다. 프로 복싱과 축구는 우리 국민들에게 관중으로서의 체험을 통해 해외를 보여주는 창(窓)이었고, 고교 야구는 국내의 정서를 대변하고 대표하는 신나는 축제였다.

1980년대 프로스포츠 시대의 도래 이전에도 이 땅의 스포츠는 번영의 기반을 착실하게 마련하고 있었던 것이다. 그 시절 그분들의 노고에 감사한다. 그분들이 없었다면 지금의 도약(跳躍)과 번영(繁榮)도 없었다. 스포츠 스타는 '민족의 별'이자 영웅(英雄)이었다.

스포츠는 정직(正直)하다. 재능 있는 개인이 열심히 노력하면 좋은 결과가 나오기 때문이다. 규칙을 엄정하게 지켜야 한다는 점도 포인트다. 결과를 두고 뒷말이 나올 여지도 없다. 기록이나 스코어가 누가 더 나은 선수이고 팀인지를 확실하게 알려주기 때문이다. 어느 분야든, 정직하게 정상에 오른 사람들은 한 사회의 롤모델이다. 우리는 그런 사람들을 영웅(英雄)이라고 부른다. '영웅'은 존재 자체가 신뢰와 성공의 표상이다. 그래서 영웅이 많은 사회는 무너지지 않는다. 사회를 유지하기 위해 영웅이 필요하다는 말에 동의하시는지. 그렇다면 스포츠는 영웅 제조 비용이 가장 싸게 먹히는 제도일 수 있겠다. 그래서 스포츠는 자유 시민들에겐 더없는 교육 자료다. 우리가 수호해야할 멋진 사회제도다. 사농공상 신분질서를 정면에서 거부하고 말(言)이 아니라 실천으로 성과를 내고 능력을 증명하는 세계다.

에필로그

조선은 참 구질구질하게 망했다. 뜬금없이 이름을 바꾸더니 외교권을 상실하고(1905년) 군대를 해산한 끝에(1907년) 마지막으로 사법권을 내주면서(1909년) 지리멸렬한 최후를 맞았다. 차례로 팔, 다리가 떨어져 나갔기에 공식적인 망국인 1910년 8월에 특별히 분개하는 조선인은 없었다. 열흘쯤 지나 황현이 아편을 들이붓고 자결했지만 아시다시피 이 분은 비분강개로 돌아가신 게 아니다. 벼슬을 하지 않아 사직을 위해 죽어야 할 의리는 없지만 그래도 명색이 사대부의 나라인데 망국의 날에 죽는 선비 하나 없으면 좀 민망하고 '쪽' 팔린다는 이유로 '쿨'하게 가신 거다(그래서 이 분을 좋아한다).

그럼 오백 년 사대부의 나라 조선 선비들은 죄다 쓰레기였을까. 꼭 그런 것도 아니다. 나라는 망했지만 이들에게는 철학과 명분이 있었기 때문이다. 성리학이다.

성리학은 송나라 주희가 조국이 야만인들에게 짓밟히는 현실을 '정신적'으로 이겨내기 위해 고안했다. 비록 힘은 약하나 도덕과 정통성은 자기들에게 있는 까닭에 이 또한 지나갈 것이며 저들은 필히 멸망할 것이라는 '정신승리'를 개발한 것이다. 이게 고려 말에 한반도에 들어왔다. 몽골에게 매 맞고 슬펐던 사대부들은 동병상련의 마음으로 이를 기꺼이 받아들였다. 조선에서 성리학은 제대로 역할을 한다. 수십 년 간격으로 왜나라와 여진족에게 국토가 털렸지만 이 또한 하늘의 뜻이 아니며 언젠가는 정의가 승리할 것이라는 극강의 정신력으로 이를 참아낸 것이다. 놀라운 것은 망국에도 불구하고 성리학은 살아남았고 지금도 우리의 정신세계를 지배하고 있다는 사실이다. 그 대표적인 게 '역사를 잊은 민족에게 미래는 없다'는 희한한 경구다(유사품으로는 '용서한다. 그러나 잊지 않겠다'가 있다). 그런데 정말 역사를 기억하기만 하면 미래가 있는 것일까.

아랍권에 전승되는 이야기가 있다. 한 노인이 칠면조를 키웠다. 어느 날 누군가 칠면조를 훔쳐갔고 노인은 자식들을 불러 모았다. "애들아, 우리가 큰 위험에 빠졌다. 칠면조를 도난당했어." 자식들은 킥킥 웃었다. "위험이라니요. 대체 칠면조 그따위가 뭐라고요." 노인은 다시 말했다. "뭘 하든 상관없다. 지금 중요한 건 우리가 그 칠면조를 다시 찾아와야 한다는 거다." 자식들은 자기들끼리 머리 옆으로 손가락을 빙빙 돌려보이고는 영혼 없이 네네 하고 자리를 떴다. 얼마 후 노인은 낙타를 도난당했다. 자식들이 몰려와 물었다. "아버지, 어쩌면 좋을까요?" 노인은 대꾸했다. "내 칠면조를 찾아라." 자식들은 어이가 없다는 표정으로 자리를 물러나왔다. 또 얼마가 지나서 이번에는 말이 사라졌다. 어찌할지 묻는 자식들의 물음에 대한 노인의 대답은 여전히 칠면조를 찾아라, 였다. 몇 주가 지나고 누군가 노인의 딸을 겁탈했다. 노인은 말했다. "이 모든 것이 칠면조 때문이다. 그들이 내 칠면조를 훔쳐가면서 아무 일도 일어나지 않는다는 것을 알았을 때 우리는 모든 것을 잃었다." 이 이야기는 절대로 자의적인 양보를 해서는 안 된다는 교훈으로 활용된다. "이번에는 봐주겠다. 그러나 다시 내 눈에 띄면 그땐 국물도 없어!" 따위의 정신승리는 개나 주라는 얘기다.

역사를 기억'만' 하라는 이 경구는 당장 쓰레기통에 처박아야 한다. 그리고 이렇게 바꿔야 한다. "복수하지 않는 민족에게 미래는 없다." 그 복수가 물리적인 것이든 경제적인 것이든 상관없다. 그러나 반드시 해야 한다. 당장 하지는 않아도 언제든 실행할 힘이 있어야 한다. 복수하지 않는 민족에게 미래는 '절대' 없다.

조선의 망국과는 달리, 대한민국 근현대사는 전 세계에서 유례가 없는 성취와 성공의 역사다. 하지만 일부 극소수 국민은 이러한 성취를 깎아내린다. 그 원인이랄까 근본은 어디에 있을까? 앞장에서 소생은 대한민국 역사를 '더 그레이티스트 스토리 에버 톨드'(The Greatest Story Ever Told)'라고 했다. '역사상 가장 위대한 이야기'라는 뜻이다. 그렇다면 누가 이 스토리를 쓴 사람이 있을 것 아닌가? '더 그레이티스트 스토리 에버 톨드'의 바탕에는 '더 그레이티스트 제너레이션'이 있다. 한국 현대사는 역사상 가장 위대한 세대와 지도자가 써 내려간 인류 역사상 가장 감동적인 스토리다. 위대한 역사를 만들었으면 위대한 사람의 위대한 행동과 위대한 리더십이 반드시 있다. 그것을 찾아내는 것이 후대의 의무다.

'가장 감동적'이라는 말 속에는 좌절도 있고 실패도 있고 다시 일어나기도 하고, 또 쓰러지고 하는 드라마틱한 기복(起伏)이 있다. 그런데 툭 떨어졌을 때, 말하자면 우리가 아주 바닥을 기고 있을 때 거기에만 딱 초점을 맞추면 '더 그레이티스트 스토리'가 아니라 가장 비참한 이야기가 된다. 다시 일어났다면, 다시 일어난 것에 초점을 맞춰야 한다. 그렇게 하지 않고 우리가 실패한 것, 부끄러운 것, 여기에만 초점을 맞추면 반대의 이야기가 될 수 있다.

역사라는 것은 영욕(榮辱)을 같이 가지고 가는 것이다. 한국 현대사를 다 합쳐서 보면 역시 영광스러운 부분이 압도적으로 많고 좀 치욕스러운 부분은 그 영광을 만들기 위한 일종의 소도구였다, 이런 평가가 상식적이다.

그런데, 일부 극소수 좌성향 학자들 가운데는 민족사의 정통성을 북한에 두는 듯한 연구를 하는 사람들이 없지 않아 존재한다. 좀처럼 납득이 가지 않는 일이다. 사실은, 일고의 가치도 없는 행태다. 반박할 만한 대상도 못 된다. 지금의 북한과 대한민국을 비교하면 민족사에서 정통성이 어디에 있는지는 저절로 답이 나온다. 민족사에서 정통성이라는 것이 무엇인가? 그 민족을 누가 행복하게 만들었느냐? 불행하게 만들었느냐? 그것이 기준이다. 그 이외의 기준은 있을 수가 없다. 남자의 경우, 북한 사람들의 평균 키가 한국 평균에 비해 10cm 이상 작다. 평균 수명도 10년 이상 짧다. 한쪽은 우리 민족을 열등화시켰고, 다른 쪽은 우리 민족의 자질이라든지 능력을 극대화시켰다. 남쪽은 현대국가를 건설했고 북쪽은 조선식 성리학적 왕국을 계승했다. 사정이 이런데도 정통성이 북한에 있다고 주장하는 사람이 있으면 그런 사람은 빨리 전문가의 도움을 받아야 한다. 이건 토론이나 논쟁의 대상이 안 된다.

다만 거기에 끌려가는 사람들이 있다는 것은 문제다. 왜 끌려가는가? 바로 한국 사람들이 가지고 있는 독특한 성격 중에 답이 있다. '민족우상주의(民族偶像主義)'다. '민족'이라는 말에 끌려 민족이 뭐라는 걸 따져보지도 않고 동조하는 현상이다. 정치적 낭만주의자(政治的 浪漫主義者)가 있는 것이다. 북에서 주장하는 민족 정통성 운운하는 거짓말을 깨려면 무엇이 문제인지를 먼저 정확하게 알아야 한다.

'민족'이라는 단어의 역사적 연원을 따져보면 동양에서 만든 말이 아니다. 영어권의 네이션(nation)이라든지, 독일어에서 폴크(volk)를 메이지유신 이후에 일본 사람들이 '민족(民族)'이라고 번역했다. '국민(國民)'이라고 번역했어야 본의(本意)에 더 가까웠을 것이다. 이 말이, 국가는 없고 민족만 있는 한국 지식인들 사이에 들어와 우상화되었다. 신성불가침(神聖不可侵)의 개념이 되었다. 충분히 낭만적 해석이 일어날 법한 환경이었다.

한반도의 정통성이 어디에 있느냐의 출발점은 결국 '김일성이냐, 이승만이냐'다. 김일성은 1945년 9월 소련에서 들어올 때 소련군 장교 군복을 입고 왔다. 이승만이 미국에서 한국으로 귀국할 때 미군 장교 복장 입고 왔나? 민간인 복장으로 입국했다. 이것 하나만 봐도 김일성, 김정일, 김정은은 민족반역자고 대한민국 세력이 민족 정통세력인 것이다. 이 논리의 연장선상에서, 민족반역자와 손을 잡고 우리 민족끼리 통일하겠다는 세력도 민족반역자가 되는 것이다.

북한이 말하는 '민족'이라는 말도 문제다. 무엇보다도, 우리가 쓰는 어의(語義)와 다르다. 우리 국어사전에는 '민족'을 '일정한 지역에서 오랜 세월 동안 공동생활을 하면서 언어와 문화상의 공통성에 기초하여 역사적으로 형성된 사회 집단. 인종이나 국가 단위인 국민과 반드시 일치하는 것은 아니다'라고 풀이한다. 북한에서 사용하는 '민족'은 이른바 김일성 민족을 말한다. 김일성 민족이라는 것은 김일성을 태양처럼 인류사의 중심에 놓고, 김일성과 혈연적으로 얼마나 가까우냐, 혹은 김일성을 얼마나 추종하느냐에 따라서, 말하자면 그 태양으로부터의 거리에 따라서 그 사람의 계급이 정해진다, 신분이 정해진다고 하는 전근대적인 이론이다. 이것이 북이 주장하는 '민족'이란 말의 정의(定意)다. (이미 멸망하고 없는 명나라와 명나라의 황제를 끝까지 추종하며, 명나라 황제를 향한 충성심이 신분질서의 잣대이던 조선식 사대주의의 북한식 버전이다.)

남북이 같은 단어를 판이하게 해석하는 이밖에도 무수히 많다. 예컨대 그들이 말하는 평화는 '모든 지역이 공산화되어 더 이상 싸울 필요가 없는 상태'를 말한다.

그러니까 6·15 선언 등에 나오는 '우리 민족끼리 힘을 합쳐 우리끼리 통일한다', '우리 민족끼리 자주통일 하자', '전쟁보다 평화다'라는 말은 북에서는 우리와 다르게 해석한다. 북한에 있는 김일성 추종자와 남한에 있는 김일성 추종자끼리 같이 통일하자는 것으로 받아들이는 것이다. 그걸 알면서도 이런 문안에 합의했다면, 이러한 북의 해석에 이의를 제기하지 않는다면 6·15선언은 완전히 민족 반역 선언이다. 불행하게도, 6·15 선언을 노무현 김정일의 7·4성명이 이어받고 문재인과 김정은의 2018년 4·17판문점 선언이 이어받았다. 이제는 이 고리를 끊어야 한다. 조선식 위선적 명분론과 작별을 고해야 하는 것이다.

그렇다. 북한이 주장하는 '민족'의 뜻이 김일성 민족이라는 것을 알면서도 합의했다면 위의 선언들은 전부 민족 반역이다. 모르고 당했다면 자격 미달이다. 그런 문제에 대해서 우리 국가 지도부는 애매모호한 기회주의적인 생각을 가지고 있었다. 이런 문제는 너무 깊게 할 필요다. 이미 우리가 경험적으로 가지고 있는 실상이 진실이기 때문이다.

'민족'이란 말의 개념을 정확하게 규정하고 우리의 무기로 가져와야 한다. 해방 당시에는 자유민주세력을 '민족세력', 공산도당을 좌익이라 불렀다. 그런데 세월이 지나니 북의 공산주의자들이 자기들을 민족세력으로 위장하기 시작했다. 민족 반역세력이 민족 정통세력으로 위장한 것이다. 그것은 오로지 대한민국을 정통국가로 인정하지 않기 위해서 쓰는 언어전술이다.

6·25가 났을 때 트루먼 대통령이 북한의 남침을 '마적단 습격사건(Bendit Raid)'이라고 표현했다. 그래서 UN이 출동한다. 저 자들은 국가의 자격도 없는 마적단이다. 그래서 전쟁을 선포할 필요가 없다. 일종의 경찰이 출동이니 이번 군사작전은 '폴리스 액션(police action)'이라고도 했다. 이것이 올바른 자세다. 우리 헌법도 이런 기조다.

북한은 모든 속성이 마적단, 조폭이다. 그래서, 북한을 추종하는 일부 극소수 남한의 종북 좌익세력들의 행태도 조폭적이다. 법도 없고, 상식도 없고 인륜도 없다. 거짓말쟁이고, 문명파괴자고 내로남불의 끝판왕이다.

한반도에서 민족주의자와 민족반역자를 나눈다면 민족을 행복하게 만든 이승만, 박정희가 진정한 민족주의자다. 김일성, 김정일, 김정은 그리고 이들을 추종하는 남한의 종북 세력은 민족반역자다. 그렇게 규정하면 끝이다. 다른 말은 다 엉뚱한 소리다.

인간이 가장 고귀한 존재인 이유는 성공이 아니라 실패를 딛고 일어서기 때문이다. 그래서 감동적이다. 우리는 지난 70 몇 년, 개화기 때까지 치면 100년이 넘는 근현대사에서 끊임없이 좌절했다가 일어나고 또 좌절했다가 일어난 민족이다. 바닥까지 떨어졌다가 선진국으로 올라섰다는 것 자체가 현대사의 신화(神話)이자 동화(童話) 같은 성공담(成功談)이다. 세계적으로 유래가 거의 없는 일이다. 세계인을 감동시킬 만한 이야기가 여기에 다 있는 것이다. 소생 둘은 독자들에게 '자랑스러운 대한민국'을 알리고자 이 책을 썼다. 성리학적 명분론, 당파싸움을 일소하고 실사구시(實事求是)와 합리주의(合理主義)를 바탕으로 실천에 나서 건국(建國)과 부국(富國)을 건설한 승리의 역사다. 그래서 '정신승리'의 왕국인 북한을 하루빨리 해체하고, 노예적 삶을 살아가는 북한 주민을 신분제 굴레에서 해방해야 한다. 1992년 이후, 사농공상의 나라로 회귀하는 듯한 흐름을 알아야 한다. 우리는 과거가 아닌 미래로, 위선적 명분론이 아닌 실천과 실질의 세계로 나아가야 한다. 조선과 대한민국을 비교한 이유가 여기에 있다. 대한민국이 이룩한 이 빛나는 역사를 알리는 일에 일조했다면, 이 책을 읽고 마음이 따뜻해진 독자들이 있다면, '정신승리'가 아닌 '현실에서의 승리'의 중요성을 깨닫는 분이 계시다면 소생들 더 이상 바랄 것이 없겠다.

글 가운데 몇몇 문장은 필자들의 글을 따옴표 없이 인용했다. 글을 쓸 때 문장마다 최선을 다한 까닭에 그보다 더 낫게 쓸 수 없었기 때문이다.

참고 도서

병자호란/한명기/푸른역사

남한산성 항전일기/나만갑 지음, 서동인 역주/주류성

남한산성 굴욕의 47일/윤용철 엮음/서울교과서

인조 1636/유근표/북루덴스

병자호란, 홍타이지의 전쟁/구범진/까치

임진왜란과 병자호란/정약용 지음, 정혜렴 옮김/현대실학사

일본 전국시대 130년의 지정학/코스믹 출판, 전경아 옮김/이다 미디어

센고쿠 시대 무장의 명암/혼고 가즈토, 이민연 옮김/글항아리

61가지 주제로 알아보는 센고쿠 전쟁 이야기/오와다 데쓰오, 곽범신 옮김/마나북스

이승만의 전시중립론/이승만/나남

이승만과 마사리크/김학은/북앤피플

물로 씌어진 이름/복거일/백년동안

우리 민족의 나갈 길/박정희/기파랑

박정희: 한 근대화 혁명가의 비장한 갱애/조갑제/조갑제닷컴

한국형 경제건설/오원철/기아경제연구소

한국은 난민촌인가/이한우/책세상

한국은 하나의 철학이다/오구라 기조, 조성환 옮김/모시는 사람들

수령독재의 정석/한병진/곰출판

북한요지경/장원재/PP

월드컵 축구/국흥주/영흥출판사

유럽축구에 길을 묻다:한국 축구 산업화 방안/장원재/삼성경제연구소

조선, 민국 600년

초판 1쇄 2024년 3월 20일

지은이 | 남정욱·장원재

펴낸곳 | 북앤피플
대　표 | 김진술
펴낸이 | 김혜숙
디자인 | 박원섭
마케팅 | 박광규

등　록 | 제2016-000006호(2012. 4. 13)
주　소 | 서울시 송파구 성내천로37길 37, 112-302
전　화 | 02-2277-0220
팩　스 | 02-2277-0280
이메일 | jujucc@naver.com

ⓒ 2024, 남정욱·장원재
ISBN 978-89-97871-65-0　03910